孤高奮戦 変革の人

永田町のホントの話とウラの話

平沢勝栄

大下英治
Ohshita Eiji

さくら舎

はじめに

「孤高」「奮戦」「変革」の実態

わたしの平沢勝栄《ひらさわかつえい》さんとの出会いは、平沢さんが平成元年（一九八九）に、パチンコ業界に対するプリペイドカード導入に踏み切っている時であった。

しかも、官僚があえてそのような大胆な「改革」に踏み切るとは考えてもいなかった。なにしろパチンコ業界にプリペイドカードを導入するというのは一大事件である。

パチンコ業界にとって、プリペイドカードを導入することは、それまで外からはわからぬ脱税の温床であったおカネの動きが、国税庁に明るみにさらされることである。反対するに決まっている。なぜならパチンコ業界の生み出すカネは、国家予算が四十兆円の時、なんと二十兆円もあったのである。

しかも、当時のパチンコ店の多くは在日の北朝鮮系の人たちが経営していた。彼らは、日本で稼いだそのカネを母国の北朝鮮に送金していたのである。もし、その送金がなくなれば困るのは独裁体制の北朝鮮である。

北朝鮮系のパチンコ店の経営者たちが反対するだけでなく、当時、「北朝鮮は犯罪も格差もない愛の国」と謳《うた》いあげた土井《どい》たか子社会党委員長をはじめとする社会党の議員はパチンコ業界を応援し、プリペイドカード導入などもってのほかだったのである。「マムシの三吾《さんご》」と呼ばれていた社会党の佐藤《さとう》三吾は、執拗《しつよう》に平沢を呼びつけ、圧力をかけ続けていた。

さらに大きな壁があった。ヤクザにとってパチンコ店は「表回り」として用心棒代を稼いでいたのである。プリペイドカードの導入によって警察が睨みをきかすことにより結果的にヤクザを追放することになったのである。「暴力団VS警察庁」と騒がれたものである。現実に、プリペイドカードによってパチンコ業界から暴力団は追放されたのである。

パチンコ店の大脱税、北朝鮮への送金、暴力団追放という「大改革」に官僚として敢然と挑み続けた平沢さんにも会い、一連の動きをドキュメント小説に描いた。それが平沢さんとの初めての出会いである。まさに〝改革〟、つまり「変革の人」であった。

次に平沢さんを描いたのは、平沢さんが初当選を果たして三年後の平成十一年（一九九九）で、当時、竹下登《たけしたのぼる》の流れを汲む小渕恵三《おぶちけいぞう》が総理で、その小渕派（平成研究会）に属していた時である。

わたしは『経世会竹下学校』というドキュメントを上梓《じょうし》するため、平沢さんに取材した。

驚いたのは、平沢さんは、当時、総裁派閥の一回生に過ぎなかったのに、まったく先輩たちに媚びることなく、堂々と派閥政治の問題点を語ってくれたのである。

「自民党の良い点は、右を向いたり、左を向いたり、いろいろな考えの議員が活発に議論をすることだ。そういう意味で、小渕派には、自民党本来の良いところがもっとあっていいのではないか。団結力を一つの誇りにしているが、派閥としての活力は感じられない。わたしには、派閥に属している面白さ、刺激というものはあまりない。何かを決める時も、上意下達で決まった方針が下に降りてくるだけだ」

そして具体的にいくつかの問題点を指摘したのである。まさに「孤高の人」であった。

次に平沢さんに取材したのは、平沢さんが二回目の総選挙の平成十二年六月で、驚いたのは、公明党相手に真っ向から戦いを挑んでいたのである。

当時、平沢さんの属していた橋本派（平成研究会）は、自自公連立を仕組んだ野中広務幹事長が力を振るっていて、平沢さんに圧力をかけてきていたのである。

「東京都十七区は、公明党の山口那津男に譲った。おまえは、比例に回れ」

平沢さんは、いくら同じ派でも選挙を仕切る幹事長の圧力に屈しなかった。堂々と公明党の山口那津男と戦い、勝利を収めたのである。

下町の地元の人たちは、判官贔屓で、圧力に屈せず戦う平沢さんを当選させようとより一層燃えてくれたのである。

平沢さんは、まさに「奮戦の人」であった。

平沢さんは、この選挙が終わるや、野中が力を誇る橋本派をきっぱりと去った。

平沢さんは、当たり前のように公明党の力を借り続けている自民党の議員のなかにあって、その後も、まったく公明党の力を借りることなく、連続当選を果たし続けている。

わたしは、現在二階《にかい》派（志帥会《しすいかい》）で活躍し続けている平沢さんと何度も会い、取材し続けているが、わたしの知らなかった平沢さんの多面的な貌《かお》のあることを教えられた。

政治家としての奮戦の姿は読者も知っているが、官僚時代に対処した事件についてはほとんど知られていない。なかには、まるで映画『００７』シリーズのようなものまである。

日本赤軍を追う。金大中《キムデジュン》拉致事件の捜査。北朝鮮大物スパイ取り逃し。大疑獄事件直前ストップ「ルノアール絵画事件」。

それだけでなく、日航ジャンボ機墜落事件や、カンボジアPKO要員の高田晴行《たかだはるゆき》警部補の殉職事件、後藤田正晴《ごとうだまさはる》官房長官による伊豆大島の三原山大噴火に対する即断即決、三代にもわたる天皇陛下の警備など、関わってきた数々のエピソードも初めて知った。

政治家としての活躍はもちろん、こういう平沢さんの知られざる貌もぜひ知ってほしいと思い、筆を執った。

【目次】孤高奮戦変革の人　平沢勝栄――永田町のホントの話とウラの話

第二章　貧すれど鈍《どん》せず

第三章　警察庁で八面六臂《はちめんろっぴ》

第六章　衆議院選挙に出馬

孤高奮戦変革の人　平沢勝栄

――永田町のホントの話とウラの話

第一章　福島出身の復興大臣

復興大臣

令和二年（二〇二〇）九月十六日、国会で首班指名がおこなわれ、菅義偉《すがよしひで》内閣が発足した。

この日午後三時五十分、平沢勝栄《ひらさわかつえい》は、志帥《しすい》会（二階《にかい》派）の派閥事務所で、約三十名の同僚議員たちと官邸への新閣僚の呼び込みの電話を待っていた。

平沢勝栄

平沢はすでに前日十五日の夜、菅総理から電話で入閣内定の連絡を受けていた。

「復興大臣をお願いします」

志帥会では、派閥の事務所で新閣僚を官邸に拍手で送り出すのが習わしだ。平沢は、今回は送り出される側として待機していたが、呼び込みの電話がなかなか鳴らず、やきもきしていた。

平沢は、そのうちにいても立ってもいられずに「フライング」で入閣の挨拶を始めることにした。

「まだ電話がきませんが、先に挨拶します。今度は大丈夫だろうと思います。今まで空振りが続き、やっと期待に応えることができて、ホッとしています」

平沢が、挨拶をし始めたその瞬間、ワイシャツの胸ポケットに入れていたスマートフォンが鳴った。待ちに待った官邸からの呼び込みの連絡だった。

挨拶を中断すると、平沢は電話に出て、返事をした。

「はい、よろしくお願いします」

平沢は電話を切り、周囲に笑顔を向けた。

「やっと『なり』ました」

平沢は、「大臣になる」ことと「電話が鳴る」を掛け、同僚たちに呼び込みの連絡があったことを伝えた。

その瞬間、同僚議員たちからは拍手と笑いが湧《わ》き起こった。

二階派は規模こそ当時四十七人の第四派閥だが今回の党役員人事と組閣では、二階俊博《としひろ》の幹事長続投、武田良太《たけだりょうた》の総務大臣への横滑り、さらに平沢の初入閣も勝ち取った。

当時当選回数八回を重ね、以前からいわゆる〝入閣適齢期〟となっていた平沢の入閣は、第二次安倍政権でも組閣がおこなわれるたびにマスコミの注目を集めていた。

だが、第二次安倍政権では、結局、平沢の入閣は一度もなかった。

平沢が入閣しなかった理由としては、さまざまな憶測が飛び交った。

中には、面白おかしく報じたものもあった。

「平沢さんは、東大の学生だった時代、小学生だった安倍総理の家庭教師だった。その時、定規で安倍少年を叩いたことが響いて、安倍総理時代は大臣になれない」

また、いくつかのメディアは平沢の入閣が実現しなかった理由として、連立与党である公明党と平沢の間の長い戦いの因縁が背景にあるとも報じていた。

平沢は、自身の初入閣について語る。

「わたしが入閣できたのは、二階幹事長の存在も大きかったと思います。それとわたしと初当選同期の菅総理の存在も大きい」

実は菅も、国政初挑戦となる平成八年（一九九六）の衆院選では、神奈川県二区で公明党系の新進党公認の候補者の上田《うえだ》晃弘《あきひろ》と戦い、厳しい選挙を勝ち抜いている。

そのため、菅も、平沢の置かれた立場への理解は深かった。

平沢は、以前から思っていた。

〈もし菅総理になれば、自分が入閣する可能性も高くなるかもしれないな。自分は入閣にあまりこだわらないが、自分を応援してくれる皆さんの期待は大きいから、一度は入閣しておかないと……〉

二階俊博のすごい気配り

平沢と菅総理は、平成八年（一九九六）初当選組ということで縁も深い。

新人議員のころは、平沢、菅、石原伸晃《いしはらのぶてる》などで、都市と地方の格差についての研究会をやっていた。その当時は、公共事業などで地方が優遇され、都市部は規制などで開発が進まないことが問題視されていた。

平沢が語る。

「菅総理は、当時から勉強熱心で一生懸命でした。総理大臣にも、なるべくしてなったと思います」

今回の総裁選で、菅総理の誕生に向けて、真っ先に動いたのは、平沢が所属する志帥会（二階派）の会長の二階俊博だった。

平沢は平成二十九年（二〇一七）にそれまで所属していた近未来政治研究会（石原派）を離れ

て、志帥会に入会していた。

平沢は、二階を傍《そば》で見ていて、さまざまなことを学んでいるという。

「二階幹事長は決断が誰よりも早い。将来を見通す洞察《どうさつ》力もある。そのうえ人間味もある。令和二年（二〇二〇）の総裁選の時には、近くにいて驚くほどの早さで菅総理の支持を打ち出していました。わたしが誰を派閥として応援するのだろうか、と思っているうちに、二階幹事長は真っ先に菅さんの擁立を明言し、関係者に連絡して派閥全員の署名を集めました。他の派閥が右往左往しているうちに、そこまで動くのだから、決断と実行のスピードが段違い。それと二階会長の言うことならと、一言で四十六名が一糸乱れずにすぐついていくのもすごかった」

平沢は、二階の気配りのすごさについても語る。

ある時、二階は、亡き政治評論家の鈴木《すずき》棟一《とういち》の娘の結婚式への出席を頼まれた。

「今度うちの娘が結婚するので、式に主賓《しゅひん》として出ていただけませんか」

二階は、承諾すると、新郎がどんな人物かを気にかけた。

「出席はよいけど、新郎は誰なんだ？」

新郎はＪＴＢの社員だった。

二階はさらに訊いた。

「新郎側の主賓は、誰なんだ？」

二階俊博

聞くと、上司にあたるＪＴＢの課長だという。

一般社団法人全国旅行業協会の会長である二階にとって、ＪＴＢは懇意であった。

二階はすぐに行動に出た。なんと、ＪＴＢの社長にその場で直接電話をしたのだ。

「申し訳ないけれど、今度、おたくの会社の社員の結婚式があるから、出ていただけませんか」

結婚式は無事に執りおこなわれ、新郎側の主賓としてはＪＴＢの社長が、新婦側の主賓として二階がそれぞれ出席した。

平沢は、後日、この時の行動について二階に尋ねた。

「幹事長は、なんでわざわざ社長にまで電話したんですか？」

すると、二階は言った。

「もし、そのまま結婚式をやっていたら、新郎のほうは一生肩身の狭い思いをしたかもしれないだろう」

平沢は話を聞いて感心してしまった。

〈そこまで想像して心配するのか。二階さんの気配りはすさまじい。二階さんのことを慕う議員が永田町になぜ多いかがわかる。男が男に惚れる、というのはこういうことなんだな〉

平沢が所属する志帥会（二階派）の会長である二階俊博元幹事長は、苦境にある議員に手を差し伸べることをいとわない政界きっての人情家である。

桜田義孝《さくらだよしたか》が平成三十一年四月に失言により、東京オリンピック・パラリンピック担当大臣を辞任した。その際も、二階は、マスコミに声をかけて桜田の激励会を企画させたという。

「あの時も旧知のマスコミ関係者に『俺が言ったんじゃなくて、桜田にはすまんが君らが自主的に企画したことにしてくれ』と頼んでいました。桜田も『マスコミの人がやってくれた』と喜んでだいぶ励まされていましたよ。そういう発想ができる人がどれだけいるか。二階さんは、スキャンダルで逮捕された議員や失脚した議員に対しても、差し入れをマメに送ってあげたり、できるだけのことをしてあげる。ほかの人が見放したとしても二階さんだけは最後まで見放さないんです」

「福島高校卒」の意味

令和二年（二〇二〇）九月十六日、菅義偉内閣が発足した。平沢勝栄は復興大臣として初入閣した。

閣僚入りした平沢は、天皇陛下にご挨拶することになった。自然と、昭和五十年（一九七五）に皇宮警察本部護衛部付となった際、昭和天皇にひどく緊張しながらご挨拶した時のことが懐かしく思い出された。

今回も同様のしきたりに従ってご挨拶をしている。

現在の選挙区こそ東京だが、福島出身ということで、平沢の大臣就任は地元の福島県からも歓迎されたという。

平沢が語る。

「福島県選出の復興担当大臣は、これまでに中通り中部の郡山《こおりやま》市を地盤とする根本匠《ねもとたくみ》さんと、浜通りのいわき市を地盤とする吉野《よしの》正芳《まさよし》さんもやっていますが、中通り北部の出身者の大臣就任はわたしが初めてだったので、歓迎してもらいました。福島県人の気持ちに常に寄り添った動きをしてくれると思われているわけですから、その期待を裏切らないように、少しでも県民の期待に応えたいと思います」

平沢によると、福島県で発行される『福島民報』や『福島民友』などの地方紙では、平沢の名前が記事になると、必ず「福島高校卒」と添えて、表記がされるという。『朝日新聞』や『読売新聞』などの全国紙ではもちろんそんな表記はない。

平沢は自分のことを取り上げる地方紙の記事を見るたびに身が引き締まる思いがするという。

十年余の歳月が

平成二十三年（二〇一一）三月十一日に起きた東日本大震災から十年余が経ったが、いまだに被災地に残した傷跡は大きい。特に課題となっているのは、未曾有《みぞう》の深刻な事故となった福島第一原発の事故だ。

平沢が語る。

「原発事故が福島県に与えた影響を考えると、本当に申し訳ない、と思っています。震災から十年が経過し、地震と津波による被害からの復興、再生はかたちができていますが、原発事故の後処理問題は、むしろまだこれから。現在もさまざまな問題が横たわっていて、これからも続きます。やはり、原発事故は、他の災害とは異なっていて、福島県を大変に苦しめています」

福島第一原発による事故が起きた当初、外国人ジャーナリストなどからは、「福島県は数十年以上にわたり、立ち直れないだろう」などと評されるほどだった。それだけ被害が甚大で、先行きが見通せないものだった。

「十年前に語られた絶望的な見通しよりは、立ち直っていますが、いまだに福島県は、県の面積の二・二％にあたる地域で立ち入りが制限されており、住むことができません」

現在、福島県には帰還困難区域と呼ばれる地域が存在している。帰還困難区域とは、放射線量が非常に高いために、バリケードなど物理的な防護措置を実施して、避難を求めている区域で、福島県浜通りの七市町村にわたる。現在も、帰還困難区域に住んでいた人たちは、避難を余儀なくされている。

「現在も避難されている方たちからは、今すぐ住むことがむずかしいとしても、せめて今後の見通しは教えてほしいと熱望されています。やはり、いつになったら戻れるのかがわからないと、人生設計も立てられません。この問題は、福島県からも強い要望を受けているので、なんとか早くスケジュールを出すように尽力したいと思っています」

さまざまな問題が絡むが、平沢はなんとか実現させたいと願っている。

菅総理自身も、令和三年（二〇二一）三月六日に、福島県大熊町《おおくままち》を訪問した際に次のように発言している。

「帰還困難区域を必ず解除していく方針に変わりない。他の地域に避難されている方が帰還できるような環境整備をしていきたい」

福島県が抱えるもっとも深刻な問題

令和三年（二〇二一）四月十三日、菅政権は、東京電力福島第一原子力発電所で浄化処理された上でタンクに保管されている一〇〇万トン以上の水について、トリチウム（三重水素）以外の放射性物質を国の安全基準を確実に下回るまで浄化し、取り除くことが難しいトリチウムについても、同様に、国の安全基準を大幅に下回る濃度に薄めたうえで二年後を目処《めど》に東京電力福島第一原発から海洋に放出する方針を決定した。

政府は放出にあたり、トリチウムの濃度を国際的な飲料水の基準の七分の一程度に薄めるとしているが、漁業者を中心に反対意見は根強い。

福島県の農林水産物は、原発事故以降、「危険だ」というイメージから売れ残ったり、安く買い叩かれたりする「風評被害」に悩まされていた。

平沢はその点についての懸念を語る。

「処理水の放出は、科学的に安全だということをいくら伝えても、すぐに理解されるものではありません。安全だと証明しても、消費者にとってイコール安心にはどうしてもなりにくい。消費者に福島県の水産物を遠慮しようとする気持ちが働けば、当然、事業者や生産者には損害が出ます。『安全だから大丈夫』と政府が公言しても、風評被害は発生します。わたしは、その部分の責任者ですから、対策をしっかりやっていきます」

平沢によると、今後、学校教育や社会教育などを通して差別的な考えをやめるよう啓発していくという。

さらに、実際に風評被害が発生した場合には、具体的な行動も視野に入れて対策案を詰めていくという。

岸田《きしだ》政権は令和五年八月に処理水の放出を始めた。科学的にはまったく問題はないが、しかし中国は日本からの水産物の輸入を停止するなど、科学的な根拠のない感情的な抗議を強く続けている。

政府は、現在、福島浜通り地域に国際教育研究拠点を設置する構想を推進している。

平沢がこの構想について語る。

「これまで福島県民は多大な犠牲を強いられてきました。そんな福島の人たちに少しでも元気と誇りを持ってもらうために、世界に名だたる素晴らしい教育研究機関を作ろうと動いています。世界レベルの研究機関、教育機関ですから、学者も一流の人を招請します。今年度から準備計画に対する二億円の予算がつき、現在、骨格を作っています。来年度からはこれに基づいて本格的に動き出す予定ですから、相当大きな機関になるはずです」

国際的な教育研究機関としては、小泉《こいずみ》政権の時に沖縄県への設立が決定された沖縄科学技術大学院大学の例がある。同学は、世界からトップクラスの人材を招請して現在も運営されている。

平沢によると、福島にできる国際教育研究拠点は、世界レベルにありながら、地域に根ざした教育研究機関になるという。

「やはり、福島県民に歓迎され、誇りに思ってもらえるものにしたいと思っています。原子力災害に関するデータや知見の集積・発信についても一つの専門分野になりますし、世界から一流の学者に来てもらい、年に数日ではなく、福島県に住んで研究する人、福島県民と一緒に考えてくれる人を探します」

平沢によると、福島県の抱える問題で、もっとも深刻な点は、震災以来続く人口の流出だという。

「福島の最大の問題は人口減です。多くの人たちが県外に流出したまま、戻ってこない。震災直前に二百二万人いた人口は、現在（令和五年九月）、約百七十七万人。この十年で二十一万人減っています。それと避難者の問題もあります。現在、約三万五千人の避難者のうち、県内避難が約七千人、県外避難が約二万八千人。まだまだ福島の人たちは犠牲を強いられていますから、その犠牲を少しでも和らげたいと思っています」

平沢の福島県復興に懸ける思いは強い。

「福島が元気になるためにはもうちょっと人々が作り出す活気が必要。そのためには人口減を挽回しないといけませんから、今年度からは移住、定住対策に力を入れています。一言でいえば、移住者への支援金を出したりして、一人でも多くの方に来てもらいたい。それと、企業の誘致にも力を入れていきます」

震災以降、残念ながら、福島県については原発事故の影響もあり、メディアでマイナスイメージで語られる機会が多かった。

平沢はそれを少しでも払拭《ふっしょく》したいと思っている。

「教育環境や医療環境を充実させて、少しでもプラスのイメージを持たれるようにして、生活するなら福島、子育てするなら福島と言われるような街にしたい。企業にも、福島をはじめ、東北地方への進出を要請しています。土地もありますし、日本経済全体が低迷しているなか、交通の便も決して悪くはありません。特に福島県、宮城県、岩手県は、いずれも高速道路が開通しつつあり、ネットワークで結ばれていますから」

大型の公共事業はほぼ終わっている

福島県をはじめとする東北沿岸部は、いまも東日本大震災の余震とされる地震の被害に悩まされている。

平沢はこの「余震」という表現も、地震の被害を軽視する可能性があると危惧《きぐ》していた。

「余震というと、本震の付録で規模が小さいように思われてしまう。余震の中にも災害規模が大きいものもある。国民のみなさんに余震と呼ぶのは誤解を与えます。余震や本震などというと、学問としては正当性があっても、国民は誤解します。そのため、気象庁に余震という表現について問い合わせてみたところ、気象庁においても、余震であるかどうかに関係なく、大きな地震や津波に備える防災行動を取っていただきたい等の考えを持っており、実際、令和三年（二〇二二）から、『余震』ではなく『地震』という表現が使われています」

　震災時に被害を受けた東北地方の沿岸部には、この十年で多くの防潮堤が整備された。

　平沢が語る。

「防潮堤の整備は進めていますが、防潮堤があれば、絶対に大丈夫ということは言えません。最終的には、安全なところに逃げるしかありませんから、防災についての教育や訓練も大事です。ただ、津波がきた時に、防潮堤があれば、一時的に止めてくれる。防潮堤の建設も、地域の方々の声に耳を傾けて、どう進めていくか。これからの大きな課題です」

　石破茂《いしばしげる》元幹事長は、災害対策に特化した省庁として、防災省を設置する必要性を訴えている。

　復興庁は、震災から十年となる令和二年度末で廃止される予定だったが、政府は二〇三〇年度までの存続を決めた。

　ただし、大型の公共事業はほぼ終わり、今後五年間の復興予算は計一兆六千億円と大幅に縮小される。さらに、今後は復興が遅れている福島の支援に重点を置き、岩手や宮城など津波被災地への支援は今後五年で終える。

　その存続をめぐり、将来の巨大災害に備えた「防災省」や「復興・防災庁」への衣替えも検討されていた。

復興庁は今後、どのような省庁として活動していくのか。

「復興庁は、被災地からはありがたがられているけれど、法律で役割が決まっています。東日本大震災の関連は復興庁ですが、一般的な災害については権限がない。

そもそも十年の期限付きで設置されたわけですが、被災地の方たちの要望で、存続が決まりました」

復興庁は、なぜ存続ができたのか。

「何かあった時に、霞ヶ関の役所のどこに持っていけばいいかわからないことがあるわけです。案件によっては、二カ所か三カ所、四カ所回る場合も出てくる。復興庁は地域の要望を汲《く》み取り、要望を関係各省庁に全部割り振るという、交通整理をしています。だから、地域からすれば本当にありがたい存在なんです」

二階幹事長（当時）は、以前から災害対策としての国土強靭《きょうじん》化に力を入れるように強く訴えている。

「国土強靭化は災害が起きてから立て直すのではなく、そもそも災害が起きる前に対策をすることが目的。災害発生前に備えることによって、コストも安くなる。日本は災害が起こってから動くけれども、起こる前にやることに意味がある。防潮堤の整備もその一つ。防災は誰でもできることではなく、専門的な分野です。国でも各自治体でも防災の専門家を育てようとしていますが、大学で防災を専門的に学べるところがどれだけあるか。そういった専門家の教育にも力を入れていきたいと思っています」

令和三年（二〇二一）十月十一日、平沢勝栄は当選八回、在職二十五年を迎えたことから、国会で表彰されることになった。同時に表彰となったのは平沢を含め、与野党から菅義偉、河野《こうの》太《た》郎《ろう》、下村博文《しもむらはくぶん》、田村憲久《たむらのりひさ》、野党は渡辺周《わたなべしゅう》、原口一博《はらぐちかずひろ》など計十八人だった。

表彰された一行は十二月十三日には皇居に赴き、天皇・皇后両陛下にご挨拶申し上げた。代表して挨拶したのは、十八人の中で最年長の平沢だった。

「本日はこのような席を設けていただいて本当にありがとうございました」

挨拶のあとは、両陛下を交えた懇談となった。平沢は、皇后さまに「陛下が高校生の時、ベルギーとスペインにご旅行されました。その時に私も随行いたしました」と話すと、皇后さまは「まあ、そんなこともあったんですか」と非常に興味をお示しになる。

会話が途切れないので、平沢が別の議員に会話の機会をなかなか譲れなかった。両陛下のご質問が続いたこともあり、ほとんどの時間を平沢が独占してしまった。なお、二十五周年表彰を受けた平沢の肖像画は衆議院別館２１１号室に掲示してある。

朴槿恵

韓国ＳＰと奈良県警の大きな差

令和四年（二〇二二）三月二十四日、韓国の朴槿恵《パククネ》元大統領が、収監中から入院していたソウルの病院を退院した。公に姿を現したのは五年ぶりのことである。

自宅に戻った朴槿恵は、自宅前に集まる大勢の人々の前でスピーチをおこなった。平沢勝栄は、このスピーチの中継をＹｏｕＴｕｂｅで見ていた。

そこには、警察官僚だった平沢が驚く光景があった。韓国ＳＰの有能さである。

韓国で初めて弾劾罷免《だんがいひめん》された大統領だけあって、聴衆の怒号はすさまじかった。その中から、瓶など危険な物まで朴槿恵に向かって飛んでいく。

ところが、韓国ＳＰたちのチームワークは素晴らしく、瞬時に朴槿恵の前に立ち塞《ふさ》がって人間の壁を作った。聴衆から朴槿恵の姿を隠したうえで、飛んできた物をしっかりブロックする。

平沢は感心した。

〈韓国ＳＰは、テロや暴動は必ず起きるという前提で、しっかり訓練されている。が、日本ではテロは必ず起きると想定していないから、緊張感がないからだろう〉

韓国の朴槿恵のスピーチから三カ月半後の、令和四年七月八日。安倍晋三《あべしんぞう》元総理が凶弾に倒れ、命を失った。

元警察官僚の平沢勝栄は、奈良県警の警備体制に愕然《がくぜん》とした。

〈日本の警察はすべて奈良県警と同じと思われては困る〉

実際、容疑者の山上徹也《やまがみてつや》は前日の七日に岡山へ行き、安倍の演説会場がある岡山市民会館まで足を運び、チャンスを狙っていた。が、警備が厳重なため、狙撃を諦めている。

もし岡山で山上の不審な動きに気づいていれば、事件は未然に防げたかもしれない。

また、奈良市の近鉄大和西大寺《やまとさいだいじ》駅前で街頭演説することを告知しなければ、事件は起きなかっただろう。

細かな偶然がいくつも重なって、安倍はまるで吸い寄せられるように奈良に足を踏み入れてしまい、最後はありえないような事態に至ってしまった。日本を引っ張っている大事な政治家を警備の不手際で失ってしまったわけで、平沢は一ＯＢとして申し訳ない限りで、残念でならなかった。

奈良県警のお粗末さは論外である。が、そのいっぽうで、もともと警察は政治家に遠慮して警備を手薄にしがちだ。選挙演説中、政治家に近寄ろうとする有権者は多い。が、それを警察が阻止すると、政治家から「選挙の邪魔をするな」というクレームが入ることがある。それで警察が遠慮して放置する状態が普通になってしまった。もし、政治家側にもっとテロを警戒し警備は全面的に警察に任せる姿勢があれば、結果は大きく変わっていた可能性がある。

そんな中、安倍の危機管理意識は、普通の政治家とは違っていた。安倍にＳＰは一人しかついていない。そのため、安倍は以前から「もう一人ＳＰをつけてほしい」と願い出ていたといわれている。が、警察庁からは「総理経験者の中で、一人だけ特別扱いはできない」との理由で却下されていた。

安倍暗殺は十万分の一の偶然

平沢は思った。

〈ＳＰは一人でもいいし、二人でも構わない。歴代総理も人によって危険度は大きく変わる。特に安倍さんの場合は敵も多いし、積極的に表に出て活動している。五人、十人つけたっておかしくないほどだった〉

また、安倍が国が不安定な状況になり、万が一の時には三度目の総理総裁を引き受けざるをえない時もありうると気力充分で全国を飛び回っていたことも、不運を招き入れる要因となってしまった。

周囲の誰もが「そんなに無理をすることはない」と思っていた。

が、安倍は自ら望んで過密スケジュールを組んでいた。宏池会《こうち》体質や財務省の影響が強い岸田総理に日本を任せられない、と思い始めていたと聞く。安倍はすでに憲政史上最長の通算在任日数と、数々の業績を残しており、本人も「もう一度総理をやる気はない」と断言していた。が、次第に「やはり岸田任せにはできない」という使命感が大きくなっていったのではないか。

不倫報道された松山三四六《まつやまさんしろう》を、自民党長野県選挙区の候補者に擁立したことも安易すぎた。

七月六日には『週刊文春』の電子版『文春オンライン』が松山の女性問題を報道。さらに『週刊新潮』の電子版『デイリー新潮』が松山の金銭トラブルを報道したことが決定打となり、選挙直前で松山の当選は不可能と判断された。

そこで安倍が入ってもとうてい勝ち目はない、と長野県入りが取りやめとなり、急きょ奈良県入りすることになった。これも運命としか言いようがなかった。

奈良県入りを知った高市早苗《たかいちさなえ》は、安倍にメールで「党情勢調査で奈良県は優勢です」と送信した。すると、安倍から「問題ないとは思うけど、京都に行くことが決まったので、奈良まで行きます。毎日と日経が厳しく出ているので」と返信があった。

松本清張に『十万分の一の偶然』という小説があるが、安倍暗殺もまさに偶然に偶然が重なっての悲劇といえよう……。

平沢は、元警察官僚としての意見を述べた。

「日本の警察の可哀想なところは、警備に対していろいろなところから、いろいろな意見がくることなんです。だからどうしても萎縮《いしゅく》してしまう」

平沢は、皇族のことに思い至り、鳥肌《とりはだ》が立った。

〈総理経験者である安倍さんが暗殺されたということは、皇族を含め誰もが狙われる可能性があるということだ〉

その対象は天皇陛下のこともある。継承者はいらしても、天皇陛下は唯一無二の存在である。

第二章　貧すれど鈍《どん》せず

岐阜県白川村

元警察官僚で、当選九回の大ベテランである自民党衆議院議員の平沢勝栄元復興大臣は、昭和二十年（一九四五）九月四日、岐阜県大野《おおの》郡白川《しらかわ》村に生まれた。

平沢が生まれた時には父親の助造は、まだ戦地から帰っていなかったので、母親の美子が家にあった古い書物の中から「勝って栄える」の意味の「勝栄」という名をつけた。

父親の助造は、製糸会社に勤める中小企業のサラリーマンだった。平沢が誕生する十年前は製糸業が日本を代表する輸出産業だった。

が、一九三八年（昭和十三）にアメリカのデュポン社が発明したナイロンが戦後日本に流通し始めると、製糸業はたちまち斜陽産業となってしまった。

母親の美子は、助造の後妻だった。

助造は先妻との間に二子をもうけたが、先妻と死別した。そのあと美子と再婚したのである。

助造の生家は岐阜県飛驒《ひだ》市にある古川町《ふるかわちょう》で、飛驒の中心都市である高山にも近い、比較的発達した地域で生まれ育った。が、助造は長男ではなかったため、生家を出て独立せざるをえなかった。

愚か者を意味する「たわけ」という言葉がある。古語の「戯《たわ》く」が語源という説のほかに、子孫に土地を分割相続、つまり「田分け」して貧乏になり、家系が衰退するという意味で使われ出したとの説もある。

平沢の生まれ故郷の岐阜でも「たわけ」という言葉がよく使われた。平沢が子ども時代はまだ、長男は兄弟の中で特別な存在という価値観が残っていたと言う。

一昔前は、長男以外は結婚できず、次男以下の男子は家の二階の隅の「出居《でい》の間」という狭い部屋で恋人と遊ぶが、結婚は生涯できず、長男が所有する田畑を手伝って食事にありつく人生が当たり前と言われていた。

長男以外が恋愛をすると、出居の間で密会する。そして子どもが生まれると、長男の子どもとして育てられる。

生まれた時代がもう少し前であれば、平沢の人生もまったく違ったものになっていただろう。

ちなみに、出居はもともとは応接間を意味したが、南飛騨地方では転じて〝特別な部屋〟を指すようになった。また、同様に仏間を奥の出居とも言った。

助造は、尋常小学校を卒業したあと高等小学校の工業専科で学んだだけの学歴しかなかったため、同僚が次々と製糸業に見切りをつけて退職していく中で、同じ会社に留《とど》まり続けるしかなかった。

美子との間で生まれた四人の子どもを育てるため、助造は早朝から夜遅くまで働きづめで、休みもほとんど取らなかった。

それでも給料は安い。助造も母親の美子も、学歴の重要さを骨身に染みて感じていた。

「つくづく日本の社会は、教育を受けていないとダメだな……」

現代では、たとえ中卒でも出世の道は拓《ひら》かれているだろう。が、当時の日本は完全な学歴社会で、学歴が無いと苦しまざるをえなかった。

そういう状況ゆえ、美子は実に教育熱心だった。「どんなに貧乏しても、食べるものがなくても、学校教育だけはきちんと受けさせる」との考えが強く、子どもたち全員、大学まで行かせる腹積もりだった。

事実、美子は四人兄弟の四人とも公立大学に進学させている。

美子の生家は夫の助造の生まれた古川町に比べ、山奥の白川村にあった。平家の落ち武者が逃げ込んだその末裔《まつえい》が住むと言い伝えられており、観光地となった今と違い生活環境は厳しかった。

冬には積雪が二メートルにもなる豪雪地帯で、家は積雪対策のため急勾配《きゅうこうばい》の茅葺《かやぶ》き屋根を持つ、昔ながらの合掌造《がっしょうづく》りだった。

白川郷・五箇山《ごかやま》の合掌造り集落は、ユネスコの世界遺産に登録されている。

のち昭和三十一年六月二十八日に美子の生家で平沢勝栄が生まれた「旧大戸家住宅」は、国の重要文化財に指定され、下呂《げろ》市の下呂温泉合掌村に移築されることになる。平沢が皇宮警察護衛二課長の時に皇太子ご夫妻（現在の上皇と上皇后ご夫妻）は岐阜県に行啓されたが、その時に平沢は生家である「旧大戸家住宅」をご夫妻に紹介している。平成二十六年には平沢は下呂温泉合掌村の名誉村長に委嘱されている。

白川村では生産できる農作物が限られているため、コメではなく麦や時折ヒエ、アワなどを食べることが多かったと言う。美子は貧しさや粗末な食べ物に慣れていた。とはいえ、母親として子どもの将来を思う気持ちには、並々ならぬものがあった。

美子は家事子育ての合間に、カイコの繭《まゆ》を取ったり、他の内職をしたりして生活費を稼いだ。

それでも金が足りないので、妹を頼っている。妹は岐阜県大野郡荘川《しょうかわ》村（現＝高山市荘川町）に嫁いでいたが、発電専用の御母衣《みぼろ》ダムの建設で村が水没することになり、転居の際に補償金が出た。その補償金を少しばかり分けてもらったのである。なお水没した妹の合掌造りは高山市郊外に観光客用として置いてある。

昭和二十三年、製糸業の仕事を求めて一家は群馬県前橋市に引っ越した。

平沢勝栄は、昭和二十七年四月、群馬県前橋市立城南小学校に入学。

が、間もなく父親の務める会社は倒産してしまう。

昭和二十九年、助造は、同じ製糸業で福島県にある会社が人を募集していると聞き、福島県安《あ》達《だち》郡（現＝二本松《にほんまつ》市）の会社「安達製糸」に転職した。地元では比較的大きな会社で、従業員は約二百人。ほとんどが月給三千円の中卒の女工さんだった。

工務課長である管理職の父親は月給一万円ほどで、昭和三十年代前半の公務員の給料と同程度だった。が、平沢家の苦しい台所事情に変わりはなかった。

昭和二十九年九月、平沢は福島県安達郡油井《ゆい》村の村立油井小学校に転校（翌昭和三十年に隣村合併で安達町ができ、安達町立となる）。

平沢家は貧しかったが、当時は誰もが貧しさに耐える時代だった。雨が降れば傘のかわりに新聞紙を頭の上にかざして通学する子もいた。学校では、弁当を持参できない子もいた。持ってくることはできても、麦ご飯に醤油をかけただけの弁当の子もいた。クラスの半数以上の子どもが、中卒で就職し、大学に行く子はクラスの一割にも満たない時代だった。

平沢は、小遣いに五円もらえると嬉しかった。アイスキャンデーが一本五円だったからだ。倍の十円出すと、あずき入りのアイスキャンデーが買えた。

農家が多かったため、五月から六月にかけての農繁期は数日間、学校が休みになる。子どもが家業の農業を手伝うのである。秋の収穫期になると、学校は授業を休んで全員、布袋を持ってイナゴ取りに行く。これが三日間ほど続く。

取ったイナゴは学校に届ける。一〇〇グラム以上持っていくと、学校から鉛筆が二本もらえた。当時は鉛筆も貴重品だった。そこで重量を増やすために袋の中にイナゴといっしょに小石を入れて出す子どもも多かった。

学校はイナゴを佃煮にして、地域の人に売り、教材やスポーツ用具などの購入費にあてていた。学校もまた、貧しかったのである。

平沢は、幼いころから成績は優秀な子どもだった。

子どものころからわからないことがあると、先生に突っ込んで質問した。新しい知識を身につけていくことは役に立つし、楽しかった。

が、あまり学校には熱心ではなかった。公立学校の教育は、成績の悪い生徒のレベルに合わせておこなわれることが多い。だから平沢にとって学校の授業はまったくつまらないものだった。

学校の成績はすべて「優」。文句なしに優秀だった。

母親に言われて平沢は月謝百十円の算盤《ソロバン》塾に通い、暇さえあればソロバンの練習をしていた。

みるみる上達し、小学六年生で日本商工会議所と全国珠算教育連盟の珠算一級を取得した。ソロバンのさまざまな大会に出て、メダルやカップなどの賞品を山ほどもらった。

政治家に成り立てのころ、平沢のもとに、油井小学校同窓会の連絡が入った。

クラス会は思い出話で盛り上がった。

興に乗った平沢は、立ち上がって油井小学校の校歌を歌い始めた。

校歌は三番まであったが、平沢はメモなどを一切見ることなく、三番まですべて歌いきったという。

元同級生たちは、平沢の記憶力の良さに、びっくりしてしまったともいう。

県立福島高等学校へ

昭和三十三年（一九五八）春、平沢は安達町立油井小学校を卒業し、安達町立油井中学校に入学した。

半年後の九月、助造の仕事の都合で福島県二本松市内に引っ越したため、二本松中学校に転校した。

クラブ活動はバレーボール部に入部していたが、平沢はやはり運動より勉強ができることで知られていた。地元の新聞発行社である福島民報社や福島民友社主催の学力テストで、常に県内トップクラス。誰もが感心するほど優秀だった。

このころの平沢は、あまりおしゃべりでなく、もの静かな性格だった。また平沢には心優しいところがあったという。クラスの中に小児麻痺《しょうにまひ》（ポリオ）で体の不自由な生徒がいた。運動会の長距離走の時、平沢はその生徒を懸命に励ましていた。

昭和三十六年四月、平沢勝栄は、福島市森合町《もりあいちょう》にある難関・福島県立福島高等学校に合格した。

地元には、男女共学の県立安達高校があった。が、大学進学を希望していた平沢は、県内有数の進学校である男子校の福島高校を選んだ。

二本松市在住者にとって、福島高校は学区外だった。が、当時、福島県の方針で定員の五％は学区外からの入学を認めていた。平沢はこの枠を利用し、難なく合格した。

平沢は、福島高校の生徒たちを見て驚いた。

〈みんな長髪だ〉

福島高校は男子校で、当時、問題を起こした生徒以外は長髪を許されていた。ところが平沢は丸坊主だった。散髪代を節約するため、小学生時代からずっと丸坊主だった。いつも母親がバリカンで刈ってくれていた。

さらに日本育英会の奨学金も獲得し、毎月三千円を受け取れることになった。将来就職したのちに、三千円のうち千円だけを返済する仕組みで、両親ともにとても喜んでくれた。

奨学金三千円のうち、通学定期代に五百円を使い、残りの二千五百円で本や参考書を購入した。高校に入った時、中学校の先生から家庭教師のアルバイトを頼まれた。一月五千円で当時の高校生のアルバイトとしては最高だったが、母親が強く反対して立ち消えとなった。

進学校の福島高校では当然、生徒たちほぼ全員が一流大学を目指していた。福島高校の東京大学進学者数は毎年五人程度。平沢の学習環境は一変した。

福島高校では、中間テストや期末テストの結果が学校の廊下に貼り出される。同学年の生徒は約三百五十人。その半数の約百五十人の名前が成績の良い順番で並んだ。平沢は思った。

〈これは面白いな〉

こうなると、俄然《がぜん》やる気が出てくる。

平沢の成績は、学年で常にトップクラスに入っていた。しかし、どう頑張っても一番の成績は取れない。同級生に秀才が多く、中には旺文社主催の全国模擬テストで全国のベスト・スリーに入った〝超〟秀才もいた。

当時の国鉄東北本線は、まだ単線で、蒸気機関車の時代だった。

平沢勝栄は、東北本線の二本松駅から福島駅まで途中の待ち合わせを入れて片道一時間列車に乗り、さらに徒歩十五分をかけて学校に通った。当時の東北本線は単線で乗客もあまりいない。

よほどのことがない限り、通勤・通学時間帯でも座ることができた。

平沢のように遠くから通っている生徒は少ない。家庭が裕福で福島市の中心部近くに住む生徒がほとんどだった。

一緒に通学する生徒もおらず、列車の中では暇だったので、歴史など暗記ものの勉強の時間に充てることにした。周囲の雑音さえ気にしなければ、往復二時間みっちり暗記の勉強に使うことができた。

しかし、時折列車通学の女子高生に囲まれると気もそぞろで、勉強が手につかなくなることもしばしばだった。

それぞれの与えられた環境を最大限に利用した。平沢は、家に帰ったあとに数学や化学などの勉強をした。

列車は一時間半に一本と少ない。だから駅には乗り遅れないよう五分から十分前には到着していなければならなかった。たまに雨が降ったりして乗り遅れると、次の列車が来るまで一時間半も待合室で待たなければならなかったのだ。

列車の中で本を読みふける平沢の姿は、福島高校内でも話題になった。

「すごい奴がいるぞ。汽車の中でひたすら教科書を読んでいる奴がいる」

通学列車の中での勉強のほか、朝六時から始まる旺文社のラジオ講座を毎日聴いた。七時に家を出れば、八時半から始まる授業に間に合う。

日曜日には、二本松市か福島市の図書館に行って勉強した。わざわざ出かけたのは、勉強のために環境を変えたかったからだ。

東京大学文科一類（法学部）へ

実家が豊かで幼いころから英才教育を受けてきた同級生のほうが、やはり勉強では有利だった。しかし、旺文社の全国模擬試験を受けた際には、東大合格の確率が七五％以上と出た。平沢は確信した。

〈この調子で勉強を続ければ、他の生徒に負けることはない。東大に入れる〉

平沢は電車の中で時間を有効に使うことで、進学校トップクラスの成績を貫いた。

いっぽう中学の同級生たちは、進学率の低い地元の安達高校に通った。その様子を見て、平沢は改めて思った。

〈どの学校へ進学するかで、ずいぶん差ができるものなんだな〉

当時、国立大学の入試制度は国立一期校と国立二期校に区分されていた。大学進学者が首都圏、有名校へ集中することを防ぐための制度で、一期校は三月上旬、二期校は三月下旬に試験の日程が組まれていた。受験生は全員、試験が早い一期校を第一志望、二期校をすべり止めに選んでおり、平沢は第一志望を東京大学、第二志望は評価の高い横浜国立大学経済学部とした。

結果はみごと、東京大学文科一類に合格。昭和三十九年（一九六四）四月、福島県立福島高校を卒業した平沢勝栄は、東京大学に入学した。

この年、福島高校からは十一人、うち現役七人が合格した。福島高校でこれだけ多くの東大合格者が一度に出たのは後にも先にもないというほどの快挙だった。

この時、現役で合格した生徒の中には、のちに住友銀行監査役となる佐久間《さくま》博《ひろし》、日本生命副社長やニッセイアセットマネジメント社長などを歴任する田口《たぐち》弥《わたる》らがいた。

地元の二本松では、東大に進学する子どもはほとんどいない。そのせいもあって、ことのほか父親が喜んでくれた。低学歴ゆえに安い賃金で働きづめだった父親は、息子の快進撃で大いに報われたのだろう。

引き続き日本育英会の奨学金を得ることもできた。

東大文科一類では、ほとんどの学生が法学部に進学する。平沢も迷うことなく、法学部を選択した。

住まいは、東京大学駒場キャンパス東部にある自治寮の駒場寮に入った。寮費は三食付きで月五千円。奨学金は三千円から八千円になった。日本育英会へは、のちのち八千円のうち三千円を返済すればよい。平沢にとってありがたい制度だった。

授業料は全額免除となったが、寮費を引いた残りの三千円では本も買えない。平沢は、実家の仕送りに頼らず自力で卒業すると決めていた。

苦学生のアルバイト

〈アルバイトをすれば、ちゃんと卒業できるはずだ〉

平沢は、さっそくバイト先を探すため学生課に行った。学生課の壁には、アルバイト募集の紙がたくさん貼られている。気に入ったバイト先が見つかれば、連絡先が書かれた紙をもらって先方に電話する。条件さえ合えばすぐに雇ってもらえた。

困ったのは、学生運動の巣窟と化した寮だった。左翼系の学生は、青年組織の代表格である日本共産党系の日本民主青年同盟（民青）をはじめ、社会党系の社青同、過激な革マル派や中核派など、さまざまな組織に入って寮内を闊歩《かっぽ》していた。

統一教会への勧誘目的で作られた原理研究会の学生たちも、寮にしょっちゅう出入りし、さかんに新入生を勧誘していた。

当時の駒場キャンパスでは、ベトナム戦争、日韓基本条約、米原潜の横須賀寄港に反対する集会が開かれていた。

平沢は、さまざまな学生運動組織や、原理研究会のメンバーたちに「おまえも参加しろ」と何度もしつこく勧誘されて、ほとほと困り果てた。寮に住んでいるので逃げる場所がなかった。

白川勝彦

クラスや寮の中でももっとも親しくなったのが、のちに政治家となって自治大臣や国家公安委員長を歴任する白《しら》川《かわ》勝《かつ》彦《ひこ》だった。

白川は大学入学後に同じクラスになったが、クラスに丸坊主は白川と平沢の二人だけだった。

白川は、すぐに民青の活動を始め、二年生になると駒場寮の寮自治委員長となった。

白川の活動に参加はできなかったものの、平沢は白川の純粋で真面目な人柄が好きだった。そのため大学を卒業したあとも、付き合いはずっと続いていく。

また平沢と同室で親しくなったのが、のちに警察庁長官となる佐《さ》藤《とう》英《ひで》彦《ひこ》である。平沢は佐藤と一緒に警察庁に入庁し、二人同時期に大阪府警に配属となって寮の六畳の狭い部屋で一緒に寝起きするなど、長く縁が続くことになる。

何度しつこく勧誘されても、平沢には学生運動に参加する時間がなかった。

勧誘より厄介だったのは、盗難だった。寮の部屋に金目のものを置いておくと、すぐに盗まれてしまう。六人部屋で人の出入りも激しいため、ドアに鍵をかけることもできず、いつ誰が盗んだのかもわからない。あまりにひどいので、警察に届け出たこともあった。が、逆に警察から

「そんなことでいちいち警察に来るな」と怒られる始末である。結局は泣き寝入りするしかなく、プライバシーも何もなかった。

アルバイトは家庭教師が中心だったが、その他にもアンケート調査、ビラ配り、飲み屋の呼び込み、引っ越しの手伝い、本屋の売り子など、なんでもこなした。

アンケート調査は、依頼主の企業や団体から「一日二十軒」とノルマを与えられた。飛び込みで民家を訪れて「この商品の感想を聞かせてください」などと話を聞いて回る。依頼主は本当にアルバイト学生が調査したかを確認するため、相手の住所と名前に加え、印鑑を押してもらうよう要求してきた。

真面目にやるとかなりきつい仕事だったが、平沢はそのアルバイトの先輩から悪賢い方法を教えられた。まず半分以上はきちんと調査をおこなう。残りの調査は、友人の印鑑を借り、友人の意見を聞いてアンケートを作成、適当に書いて提出する。内心忸怩《じくじ》たるものがあるが、平沢を含めてかなりの人がこんな調査をおこなっていた。

アンケート調査の実態など、こんなものかもしれない。だから平沢は、その後多くのアンケート調査を眉唾《まゆつば》ものとして信用しなくなった。

飲み屋の呼び込みは、飲み屋が並ぶ繁華街の店先でおこなった。ライバル店の呼び込みも激しくなる中で、店のチラシを配りながら「安いお店ですよ」と通りすがりの男性たちに声をかけた。

引っ越しの手伝いのピークは春である。大学の先生は春になると出入りが多くなるが、その際に本など重い物を梱包して部屋から運び出すのである。

いくつもの仕事を掛け持ちするとアルバイト料は、月に約一万円になった。奨学金の八千円に後述の家庭教師でもらう全額を合わせると学生生活を送るには充分だった。のちに警察庁に入った時の初任給は月二万六千円。大学に通いながらほぼ同額が得られたのだから、贅沢《ぜいたく》さえしなければ充分な収入だった。

セツルメント活動に参加

平沢はたまにはデモに参加したが、学生運動にはほとんど手を染めなかった。ただし、ボランティアでおこなうセツルメントの活動には積極的に参加した。

誘ってきたのは、寮で同室の仲間である。

「亀有《かめあり》セツルメントに参加しないか」

亀有セツルメントは、その名のとおり東京都葛飾《かつしか》区亀有を活動拠点とするセツルメント団体である。当時、亀有には貧困層も多く居住しており、医学部の学生たちが健康相談に応じる「セツルメント診療所」(現=医療法人財団ひこばえ会)も設置されているという。

平沢は、地域の子どもたちを自分の子ども時代と重ね、役に立ちたいと思った。

平沢は、佐藤らとともに地域の子どもを集めて一緒に遊んだり、勉強を教えたりした。教室は小学二年生から中学生がほとんど。たまに高校生も交じって、総勢十人から十五人ほどが参加した。学年も学力もバラバラだから、一人ひとりに合った課題を出し、理解できるまで丁寧に教えた。週に一度、夕刻の二時間から三時間をボランティアに充てると、子どもたちはとても喜んでくれた。

駒場寮の部屋は流動的で、自然とサークルやセツルメントのメンバー単位で固められていく。民青の場合は名前を変えて「○×クラブ」と称して同じ部屋に集まる。平沢の部屋は、亀有セツルメントのメンバーばかりになった。

活動は単独ではなく、常に友人たちが一緒で楽しかった。佐藤英彦は平沢にいろいろアドバイスもしてくれ、やりがいとともに駒場の二年間の活動をまっとうした。

政治家になって平沢の選挙区は亀有を含む葛飾区となった。そこに亀有セツルメントがある。のちに政治家になり、亀有地域で活動することになるが、これも何かの縁だろう。

安倍家の家庭教師

平沢勝栄は、安倍晋三《あべしんぞう》元総理の家庭教師としてもよく知られている。平沢がこのアルバイトを見つけたのは東大に入学してすぐのことで、やはり東大学生課の「家庭教師募集」の貼り紙がきっかけだった。

〈場所は駒場東大前駅からひと駅の池ノ上で、食事付き九千円。寮の食事はマズいから、悪くないな〉

さっそく連絡をして面接をし、即採用となった。

晋三の父親の安倍晋太郎《しんたろう》は、昭和三十八年（一九六三）十一月二一日におこなわれた彼にとっては二回目の第三十回衆院選で落選し、浪人中の身だった。そのため、平沢は安倍家が岸信介《きしのぶすけ》、佐藤栄作《さとうえいさく》の流れを汲《く》む名門一家とはまったく気づかぬまま、小学五年に進級した長男の寛信《ひろのぶ》と、三年になった次男の晋三に勉強を教えることになった。

週三回、夕方から二時間のスケジュールで報酬は月九千円である。まったくの相場どおりで、色つけなど一切ない。だから余計に、名門子息の家庭教師を務めているとは夢にも思わなかった。

平沢は、安倍夫妻に頼まれた。

「よろしくお願いしますよ。わたしらは家を空けることが多いので、勉強だけでなく、一緒に遊んでやってください」

平沢は、引き受けた。

「わかりました」

こうして、平沢は、約二年間、安倍家で家庭教師を務めることになる。

平沢の前に寛信と晋三の家庭教師をしていたのが、同じ東大法学部の先輩で日本専売公社（現＝日本たばこ産業）に入社する本田《ほんだ》勝彦《かつひこ》だった。平沢と本田は家庭教師の引き継ぎのため、何回か安倍家で顔を合わせた。

本田は子どもたちを「寛ちゃん」「晋ちゃん」と呼んでいて、平沢もそれに倣うことにした。

本田はチェーンスモーカーだった。無類の煙草《たばこ》好きゆえに、就職先も日本専売公社を選んだほどだ。家庭教師をしている最中でも、二人の子どもの前でぷかぷかと煙草をふかす。現代では考えられないことであるが、当時は「子どもの前で煙草を吸わないで」と注意する大人は誰もいなかった。

分厚い眼鏡をかけた平沢は、自分の出した問題を寛信や晋三が解けなかった時、心から哀しそうな顔をした。

「なんで、解けないんだよ」

本田勝彦

寛信と晋三は、政治への野心があるようには見えなかった平沢が、よもやのちに政治家になるとは夢にも思わなかったという。

安倍晋三の性格

平沢の眼には、長男の寛信は、おっとりとしていた。次男の晋三は、素直で従順だが、自分の言ったことを曲げない芯《しん》の強さがあった。好奇心も旺盛で、次から次へと矢継ぎ早に質問をぶつけてくる。それに、理解できなければ納得しない性格であった。

時には難問を訊いてきた。

「先生、アインシュタインの相対性原理って何ですか？」

平沢が知っているはずもなく、ただちに返答するには窮する場面だった。

平沢は、二人を東大駒場キャンパスで開かれる学園祭の駒場祭に連れていった。

この当時、ベトナム戦争に反対する市民運動が「ベトナムに平和を！　市民連合」（ベ平連）の組織化によって日本国内に広まっていた。

世論は、反ベトナム戦争一色で、大学構内でも昭和三十九年（一九六四）の十一月に総理になっていた佐藤栄作総理を糾弾するアジ演説をおこなう者が多く、「反ベトナム」「反佐藤」の立て看板が至るところに置かれていた。特に駒場は激しかった。

佐藤総理は、晋三たちの祖父岸信介元総理の実弟だ。子ども心に、大叔父が批判される光景を、複雑な心境で見ていたに違いないと　平沢は思った。

晋三は、平沢に訊いてきた。

「どうして、ベトナム戦争に、こんなにも反対が多いの？」

平沢は思った。

〈普通の人なら見逃すような細かいことにも、関心を持つんだな〉

いっぽう、両親から「遊び相手になってほしい」と頼まれた平沢は、時間があると兄弟を相手にキャッチボールをしたり、映画を見に連れていった。

夏休みには、静岡の熱海《あたみ》に岸信介の別荘があり、一緒に遊びに行った。都会の喧騒《けんそう》を離れ、平沢の生まれ故郷である岐阜県に連れていき、伯母の家で寝泊まりを共にした。

晋三には優しい一面もあった。学校の帰りに野良犬を拾ってきて、自宅で育てていた。メス犬だったことから子どもが産まれた。

晋三が困っているのを見かねた平沢は、一匹をもらって駒場寮に連れて帰り、寮の外で飼い始めた。もちろん寮で動物を飼うのは禁止されていたが、生き物だから捨てるわけにはいかないと強引に飼い続けた。

ところが、しばらくして、その犬はいなくなってしまったという。

寛信も、晋三も、勉強はできた。がむしゃらに勉強すれば、東京大学に進んだだろう。

しかし、平沢は、無理して東京大学に進む必要はないと思っていた。二人が小学校から大学まで通うことになる成蹊《せいけい》学園は、勉強だけを詰め込ませる校風ではない。読書を勧めたり、野外活動を経験させたり、ゆとりをもって人間形成に必要な知識を教えている。

それゆえ、平沢は、二人に無理して勉強を教えることもなかったし、「お父さんと同じ東大を目指せ」とも口にしなかった。

平沢は、自分もその一人であると思っているが、東大生は、社会に出て役に立たないような知識を懸命に頭に詰め込んで入学してくる。人生で一番大事な時期に、勉強ばかりで、多くの友達と遊んだり、読書をするなど人間形成のために必要な時間がおろそかになりがちだ。東大に入ったはいいが、人間としていびつになるケースも少なくない。

晋三は、やみくもに受験勉強に追われることがなかったので幅広くいろいろな経験をし、青春を謳歌《おうか》することができた。そのことが、のちの政治家安倍晋三の土壌になったと平沢は思う。

安倍家で二年間の家庭教師生活を送った平沢は、父親のあとを継いで政治家を目指すのであれば長男の寛信よりも、二男の晋三のほうが向いていると思った。

おっとりして人がいい寛信は、敵を作らない全方位外交をやっているようなところがあった。

いっぽうの晋三は、自分の筋を通し、信念を曲げない。信念を貫けば、当然のことながら敵もできる。ある意味で、敵を作るのが政治家の仕事ともいえる。敵ができないような政治家は、ろくなものではない。それを厭《いと》わないかどうかで政治家の価値が決まる。

商売をするのなら全方位外交のタイプのほうがいいが、政治家には向かない。平沢は、そう考えていた。

なお安倍晋三は、のち政治家になり、講演会などで冗談まじりに口にしている。

「平沢さんに教えてもらっていなければ、わたしの頭はもっと良くなっているはずだ。そして、東大に入っていたかもしれない」

平沢の読みどおり、兄の寛信は、のち三菱商事に入り、商社マンとして活躍する。

岸家と安倍家の関係

安倍家の大人たちはみんな多忙で不在なことが多く、平沢は晋三の乳母であり、かって岸信介の秘書を務めていたことのある久保ウメと一緒に食事をすることが多かった。

安倍家には乳母のウメと、佐藤という名のお手伝いがいた。佐藤は掃除や食事作りなどをして夕方には帰る通いである。

平沢は、ウメとは気兼ねなく食事を楽しめたが、たまに母親の洋子が帰ってくると、洋子も交えての夕食となり、少々緊張もした。洋子は明るくざっくばらんな性格で、平沢にいろいろな気遣いをしてくれた。

岸信介の娘である洋子と一緒に、岸信介の妻の良子も来ることがあった。良子に加え、岸信介の長男である信和の妻仲子も一緒だと、時折、平沢にお声がかかる。

「麻雀やりましょう。メンバー足りないから付き合って」

平沢の前に家庭教師をしていた本田勝彦も麻雀が好きだったらしい。が、アルバイトに多忙な平沢は、内心すぐに帰りたかった。週三回の安倍晋三の家庭教師だけでなく、週に一度他の子どもの家庭教師も務めていて余裕がなかった。

平沢は、どうしても学費と生活費を自力で稼がねばならなかった。四人兄弟のうち、平沢を含め三人がその時、大学生だった。他の二人の兄弟は奨学金もなく、親の仕送りに頼っていた。みんな公立で学費は安かったが、それでも自宅から通っているわけではないので平沢家は火の車である。

お付き合いを無視することはできなかった。しかし、麻雀はルールを知っている程度だったので、洋子たちに勝てるはずもない。子どもの小遣い程度だが賭けていたので、せっかくのアルバイト料のごく一部はいつも飛んでいった。しかし、洋子は平沢が負けると「今日のプレーはなかったことにしましょう」と言ってくれることが多かった。おかげで随分と助かった。

平沢は何度か通ううちに、ようやく安倍家について理解した。さらに、食事や麻雀を通じて良子や洋子と付き合ううちに、この親子の関係がうっすらと透けて見えた。何も知らないうちは完全な門外漢だったが、岸家と安倍家のいろいろな事情を理解するにつれ、責任の重さに気が重くなった。

安倍家には、二カ月に一度の割合で安倍晋太郎が顔を出した。落選中のため東京にはほとんどおらず、選挙区の山口県下関市にずっと滞在していた。

上京した晋太郎は、たまに時間ができると、平沢を食事に連れて行ってくれた。寛信や晋三も一緒である。レストランは新橋の第一ホテルのバイキングと決まっていて、千五百円で食べ放題だった。すべての料理が美味《おい》しくて、腹一杯食べられて大満足である。

〈これはなかなかいいアルバイトだな〉

晋太郎は、一介の家庭教師でしかない平沢に対しても気遣いを忘れず、とにかく人が良いという印象だった。安倍晋太郎は、毎年末に赤坂の料亭に関係者七、八十人を呼んで大宴会を開いていた。その中には平沢や元ＳＰ、マスコミ関係者やなべおさみなど芸能関係者も参加していた。

平沢は思った。

〈こうして俺のことも料亭に招いてくれる。こうした心遣いは、晋太郎さんならではだ。本当に素晴らしいお方だ〉

安倍晋太郎

安倍家の家庭教師は二年間続いた。その後、晋三と顔を合わせる機会はほとんどなくなったが、晋太郎との付き合いは継続していく。

エスカレートする学生運動

当時、学生運動に興味を持たない学生はほとんどいなかった。「学生運動に無関心な人は愚か者。大学を卒業しても運動を続ける人はさらに愚か者」と言われていた。

平沢は、白川が熱中する民青の活動には参加しなかった。が、ベトナム反戦運動には意味があると思い、国会や首相官邸など霞ケ関の主要施設の前で何度もデモ行進をした。

仙谷由人

デモ隊の中には、のちの民主党政権で法務大臣や官房長官などを歴任する仙谷由人《せんごくよしと》の姿があり、よく見かけた。仙谷は当時、東大生の間では有名人で平沢も知っていたが、仙谷のほうは平沢のことを知らなかっただろう。

デモ隊の先頭にいる学生たちは、ゲバ棒を持って行進する。警察官と衝突する際は、ゲバ棒を振り回して戦う。威嚇《いかく》のつもりでも、振り回しているうちに警官を突いてしまい、怪我《けが》を負わせるのは日常茶飯事。中には警官に重傷を負わせたり、殺害してしまう学生まで現れた。平沢が「そこまで暴力を振るう必要なんてないじゃないか」と思うほど、学生運動はエスカレートしていった。

平沢は思った。

〈考えてみれば現場にいる警察官は、敵ではない。俺たちと同じような立場の若者じゃないか〉

もちろん、デモ隊側だけでなく、警察官側も「やりすぎだ」と思う行動はあった。が、暴力を受ける側の恐怖は、計り知れないものがある。

〈行き過ぎた暴力だけは、させたくない。しかし、暴力を止められるのはデモ隊じゃない。やっぱり警察だけだ〉

この時、平沢の中に「警察側に入って、暴力行為を止めたい」という思いが芽生え始めた。

就活、商社を希望

昭和四十二年（一九六七）春、平沢勝栄は大学四年生になった。いよいよ就職活動の年である。

就活生に一番人気の企業は、なんといっても日動火災海上保険（現＝東京海上日動火災保険）だった。当時、日動火災は、丸の内の一等地に赤茶色のタイル壁が特徴の本社ビルを建設中で、そのビルの周囲を就活生たちが三重にも四重にも取り囲むほどだった。

人気の理由は、破格のボーナスである。もともと給料が良いのに加え、ボーナスは年三回ほどに分けて十三カ月分も支給される。そんな会社はほかになかったから、就活生が目の色を変えて応募するのも無理からぬことだった。

が、平沢は保険会社にはあまり興味がなかった。

〈商社がいいな。できれば三菱商事か丸紅に行きたい〉

入社試験と面接の結果、三菱商事も丸紅も内定をもらえた。三菱商事の平沢に対する扱いは、

檜山廣

「大勢の採用者の中の一人」だった。ところが、丸紅はまったく違っていた。

丸紅の面接試験の際、役員に加え、檜山《ひやま》廣《ひろ》社長も同席していた。

役員の一人から質問が飛ぶ。平沢は大きな声で、ハキハキと答えた。

若者らしい元気な受け答えが、好意的に受け取られたようだった。

最後に、檜山が質問してきた。

「小学校の時は、何をやっていたのかね？」

「はい。ソロバンばかり、朝から晩までやっていました」

檜山の目が光った。

「なぜ、ソロバンをやっていたのかね？」

「はい。母親から『将来仕事に就いた時、ソロバンをやっておけば必ずプラスになる』と言われたからです」

「ほほう。それは面白い」

平沢は続けた。

「小学六年の時、日本商工会議所と全国珠算教育連盟の二つの試験で一級を取得しました。ソロバン大会に出場するたびに優勝カップをいくつもいただきました」

檜山は笑顔になって言った。

「君はいいなあ。ぜひ来いよ。うちでほしいと思っていた人材だ」

役員たちがずらりと並ぶ席で檜山に言われ、平沢は嬉しかった。丸紅という会社そのものより、檜山の人柄に大いに惹《ひ》かれた。

〈こんなことを言ってくれる人は、ほかの会社を回っても絶対にいないだろう。ぜひ、檜山さんと一緒に仕事をしてみたい〉

商社では計算に強くなければ仕事はできない。また、一日中数字に囲まれて仕事をしてもストレスを感じない適性も求められる。平沢はまさに、商社マンにピッタリだったのだろう。

丸紅か警察庁か

第一志望の商社の内定は得たものの、せっかくなので友人たちが内定をもらった他の会社も受けてみることにした。

平沢は、同じ東大法学部の同期だった細谷《ほそや》英二《えいじ》と非常に親しかった。その細谷が、国鉄から内定をもらったという。細谷はのちにＪＲ東日本の副社長、りそなホールディングス会長などを歴任する人物である。

平沢は思った。

〈細谷と一緒に仕事ができるなら国鉄のほうがいいな〉

国鉄に就職する大きなメリットは、大学四年の四月に遡《さかのぼ》って卒業するまでの一年間、毎月八千円の奨学金をもらえることだった。十二カ月だと約十万円。奨学生の平沢にとって、実に魅力的だった。

平沢は国鉄の入社試験を受けてみた。ところが、見事に落ちてしまった。丸紅の檜山社長には高く評価されていたものの、国鉄には縁がなかったのか、求められる能力が違っていたのか、それとも面接の時の受け答えが悪かったのか、ともかく細谷とともに働く道は閉ざされてしまった。

平沢にとって国鉄は唯一、不合格となった会社だった。

そんな中、亀有セツルメントで一緒だった佐藤英彦が警察庁の内定をもらった。平沢はまた思った。

〈佐藤が行くなら、自分も応募してみようか〉

平沢は、すでに国家公務員上級甲種試験を合格していた。警察庁は問題なく採用になった。平沢は迷った。

〈丸紅と警察、どちらにしようか……〉

自分でも、どちらを選択したら良いのかわからなかった。丸紅の檜山社長は、ずっと平沢のことを気に留めてくれていた。

〈やはり、佐藤がいる警察庁にしよう〉

もしこの時、丸紅に行く決心をしていたら、その後の平沢の人生は大きく変わっていただろう。政治家になることもなかったし、結婚相手をはじめ、出会う人々もまったく違っていたはずだ。

平沢は縛られるのが嫌いな性分で、自由奔放《じゆうほんぽう》な生き方が向いていると思っていた。平沢の性格を知る友人たちは、「よりによって、どうして警察なんかに入るんだ」と口々に言った。当時の警察は、デモ隊と敵対するもういっぽうの主役であった。が、デモ隊から見れば危険な存在である。それでも石を投げる側は常にデモ隊であり、警察は石を投げられる側に立つ。学生運動にどっぷり浸かっていた友人たちにとって警察に入ることは、「わざわざ自分から石をぶつけられて怪我する場所に行く」愚かな行為だと受け止められた。

母親の美子も、ひどく悲しんだ。

「ほかに行くところがなかったのかね……」

佐藤英彦

息子は就職活動がうまくいかず、まったく内定が取れなかった。だからやむなく警察に行くのだ、と思われたらしい。確かに、丸紅に就職したほうが対外的には格好がついただろう。母親に申し訳ないと思ったが、自分で選んだのだから仕方がない。父親の助造は、特に何も言わなかった。

昭和四十三年（一九六八）四月、平沢勝栄は警察庁に入庁した。

同じクラスの五十人中、官僚への道を選んだのは平沢のほか、のちに財務事務次官となる林正和《はやしまさかず》、のちに海上保安庁長官、自民党参議院議員、奈良県知事となる荒井正吾《あらいしょうご》ら六人だった。

警察庁に入庁した同期には、前述したのちに警察庁長官となる佐藤英彦のほか、国際刑事警察機構（ＩＣＰＯ－ＩＮＴＥＲＰＯＬ）総裁など国際派警察官僚となる兼元俊徳《かねもととしのり》などがいた。

平沢は、警察庁を目指す佐藤や兼元と、学生運動に熱心な白川勝彦の両方を見て思っていた。

〈学生運動を純粋な信念でおこなう者もいる。そのいっぽうで一部の学生のように社会を敵に回して破壊行為だけを繰り返していては、いつか日本という国自体が潰れてしまうのではないか〉

第三章　警察庁で八面六臂《はちめんろっぴ》

警察大学校で研修

警察庁に入ると、すぐに都内中野区にある警察大学校での教育が始まった。同期は十三人、全寮制だった。

午前六時の起床に始まり、午後十時の点呼まで、座学や柔道、剣道などの実技、実習が立て続けにおこなわれた。

射撃訓練もおこなわれた。最初は模擬弾を使用する。狙いは紙の標的だ。ある程度使い方に慣れてきたら、実弾を使う。模擬弾を撃っても反動がないが、実弾は驚くほど反動がくる。

初心者は「ガク引き」という危険な撃ち方をしがちだ。引き金を急激に引きすぎることで、着弾が照準よりも下方向になる現象を言う。

交番勤務時代の平沢勝栄

平沢は、佐藤英彦や他の初心者たちと並んで実弾を撃った。が、もし隣にいる人がガク引きをしたり、間違えて照準を合わせる前に引き金を引いてしまったりしたら大変なことになる。下手をすると跳弾した弾に当たる可能性もあった。射撃訓練は、想像以上に危険と恐怖を伴う訓練だった。

学生時代の自由奔放な生活は一変し、厳しい規律と規則だらけの生活になった。苦痛の連続だった。

警察官になるために必要なことだと理解しながらも、「選択を間違えたのではないか」と思ったことは一度や二度ではなかった。

軍隊生活のような研修は三カ月に及んだ。その中に三週間の交番実習が入っていた。配属された先は都内渋谷区の道玄坂にある宇田川交番だった。

初めて制服を着て、驚いた。警察官の装備が、やたら重いのである。制服を着た喜びや誇らしさなど、一瞬で吹き飛ぶほどだった。

拳銃は大きな四十五口径で、中は模擬弾だった。犯人に対して最初の一発は空撃ちする決まりがあった。警棒、手錠、制服などすべてがズシリと重く、総重量は二〇キロくらい。泥棒を走って追いかけても、絶対に追いつけないと思える重さだった。

が、当時の警察は「犯人と対峙した時にしっかり応戦できる武器を携帯する」という考えで、持ち物を軽くする発想はなかった。

制服は長袖のシャツの上にコートのような長い上着を着る。そのコートを脱げば夏の制服になる。生地が悪くて分厚いものだから、夏の暑さには参った。現在は各警察署にシャワーが設置されているが、当時はそんな気の利いた施設もない。交番の中の設備は空っぽで、事務用品以外は本当に何もなかった。

大阪府警でストリップ劇場の取り締まり

平沢は、三カ月の警察大学校での研修を終えた七月、実務研修のため約一年間地方の警察に行く。平沢は、同期で友人の佐藤英彦とともに、大阪に行き、大阪府西警察署の配属となった。最初の三カ月は警ら係長として、五十代のベテランを含む六十人もの部下をいきなり持つ身となった。

警らは「警邏《けいら》」と書き、「邏」は見回るという意味である。平沢は、管内の交番を巡回する日々を送ることになった。

いろいろな職務を経験する中で、もっとも印象に残っているのが管内にあるストリップ劇場の取り締まりだった。

当時のストリップは下半身を露出することを禁止していた。当然、ヘアを見せるのも禁止。が、経営者としては客に喜んでもらうため、その禁を破る。

警察にとって大変なのは、現行犯逮捕しかできないことだった。そこで刑事が一般客に紛れて潜入する。ところが敵もさるもので、経営者の目をごまかせず、すぐに警察だと見抜かれてしまう。一般客の目的はダンサーを見ることなので、熱い視線はそこに集中する。ところが刑事はダンサーではなく、中の様子を探ろうと目線をいろいろと動かしてしまう。それでバレてしまうそうだ。

ストリップ劇場の経営者は、防犯部に所属する警察官の顔や名前をすべて覚えているという。そこで顔の割れていない平沢が、一般客に交じって潜入することになった。

担当刑事が言った。

「客席にいれば、それでいいですから」

それならば、と平沢はストリップを楽しむことにした。キョロキョロしても、警察だとバレるだけである。その開き直りが、逆に良かったのだろう。

ショーが始まり、ダンサーが次々と衣装を脱いでいく。最後に股《また》を妖《あや》しく開いて、自分の手で中心部をグッと広げて見せる。

平沢はそこまで確認すると、ポケットベルのような形の無線呼出し機をグッと押し、外で待機している刑事たちに報《しら》せた。

刑事たちがただちに乱入し、経営者とステージのダンサーだけでなく、スタッフ全員を一斉検挙する。

すると平沢を見た経営者が、悔しそうに言った。

「おまえ警察だったのか。ぜんぜんわからなかった」

どうやら平沢は、見事に一般客に溶け込んでいたらしい。海千山千の経営者をなぜ騙《だま》せたのか、自分でもわからなかった。

警察署に戻った平沢は「女はこの時に股を開いて見せた」などと供述書に記入した。初犯の場合は罰金刑。ダンサーは二泊ほど拘留《こうりゅう》される。女の子に恨まれるのは心苦しかった。彼女たちにも生活があるのだ。

何度も逮捕された常習犯は、十日から二十日の拘留後、起訴されることもあった。が、刑務所行きにはならず、執行猶予がついて幕引きとなるらしい。

実際にステージを見た平沢は思った。

〈あの程度の遊びがあったって、いいじゃないか〉

ストリップは、いわば自動車のハンドルの遊びのようなものだった。遊びを作らないほうがはるかに危険で、厳しく取り締まるだけでは能がない。警察もそのあたりは充分承知しているらしく、現行犯での取り締まりは年中行事のようになっていた。

平沢は顔が割れてしまったので、一回限りの仕事となった。

警ら係長として三カ月過ごしたあとの六カ月間は、署の刑事課司法係の係長として詐欺、横領など知能犯の取り調べを担当した。

アメリカ、デューク大学院に留学

平沢は、昭和四十四年（一九六九）、警察庁外事課に係長として着任。

中国語の研修のため台湾へ留学することが決まった。

そんな中、平沢にアメリカ留学の話が舞い込んできた。アメリカ留学は、人事院の長期留学制度に応じたもので、警察庁からは三年に一人か二人が派遣される特別枠である。そこに平沢が選ばれたのである。

人事院の制度は、授業料から交通費、滞在費まですべて国が支給してくれた。一ドル三百六十円の時代に、滞在費として月額で約四百ドルをもらうことができた。

いくつかの大学に合格したが、平沢はノースカロライナ州のデューク大学大学院を選んだ。日本人ができるだけ少ない大学を探した結果だった。月四百ドルは、アメリカの田舎でなら充分に快適な生活ができる金額である。受講科目も、選択は自由だったことから政治学を選んだ。

平沢は、急きょ語学研修を中国語から英語に変えることになった。

まずは留学前にある程度英語を勉強しておかねばならない。英文を読むのは得意だったが、これまで外国人と接する機会がなかったため会話は苦手だった。英語をうまく聞き取れないので、会話が成立しないのである。

平沢は、日本の英字新聞『ジャパンタイムズ』を購入し、広告欄のイングリッシュレッスンの生徒募集の文字を探した。英語を母国語とする外国人たちが、個人で「プライベート・レッスン一時間千五百円」と広告を出しているのだ。

平沢は、練馬区在住のアメリカ人でシアトル出身のトマス・ジェンセンを選び、ものは試しと個人レッスンを頼んでみた。

授業はヒッピー崩れのようなジェンセン先生と雑談をするだけ。それでも会話力はみるみる上達していった。

平沢流プロポーズ

一時間のレッスンを週に二日ほど受けていた平沢は、自分の前の時間にレッスンを受けている女性のことが、妙に気になっていた。年齢は平沢と同じくらいだろうか。英語を学ぶという共通点もあるし、魅力的だった。

平沢は、ジェンセン先生に頼んだ。

「私の前にレッスンを受けている女性に、先生と私と三人で食事するよう誘い出してくれませんか」

ジェンセン先生はすぐに察してくれ、女性を食事に誘ってくれた。

女性の名前は丸茂あや子。平沢と同じ昭和二十年（一九四五）生まれで、三カ月ほど年上だった。

東京都板橋区出身で、聖心女子大学を卒業したあと、簡単なアルバイトをしていたが、平沢と知り合ったころは、腎臓病で入・退院を繰り返していた母親の看病に専念していた。

あや子は、平沢が「アメリカに留学することになっている」と話すと、非常に興味を示してくれた。

二カ月ほど交際が続いたあと、いよいよ平沢がアメリカに出発することになった。

平沢は、勇気を出して誘った。

「せっかくの機会だから、一度アメリカに来ませんか」

平沢流のプロポーズだった。が、あや子には母親の看病という大切な務めがあった。

あや子が言った。

「私も、あとから行きます」

あや子は、平沢流プロポーズを受けてくれたのである。

昭和四十六年（一九七一）六月、平沢勝栄は、デューク大学大学院に留学するため渡米した。一緒に留学した仲間に、通産省の小林興起《こばやしこうき》がいた。

平沢は大学の寮に入り、しばらく英語の勉強に専念した。

部屋はイギリス人のブライアン・マクレディーとの相部屋だったが、彼は毎晩素っ裸で寝るので、ほとほとまいった。

アメリカでの結婚式

留学して三カ月後の九月、看病の甲斐なく、あや子の母親が亡くなったと報せが入った。
あや子が平沢に会いに来たのは、その年の十二月のことだった。平沢は大学の寮を出て、大学の近くにある一軒家を借りて二人で住み始めた。
入籍の手続きなどは、警察庁で平沢の十一年先輩であり、当時在アメリカ日本大使館の一等書記官としてワシントンに駐在していた新田勇《にったいさむ》に相談した。新田はその後、大阪府警本部長、スリランカ大使、東芝顧問などを務める人物である。

新田が言った。

「ともかく、結婚式くらいやらないと駄目だよ」

昭和四十七年六月三日、平沢勝栄と丸茂あや子は、ワシントンDCに隣接するメリーランド州チェビー・チェイスの教会で結婚式を挙げた。バージンロードをともに歩く花嫁の父親役は、新田が務めてくれた。

パーティ会場は、新田が自宅を貸してくれた。招待客は、大学の友人や同じ日本人留学生たちである。人数が足りないと寂しいので、平沢は新田に「誰か知り合いを連れてきてください」と頼んでおいた。

その時、ワシントンの日本大使館には、検事の堀田力《ほったつとむ》が二等書記官で在籍していた。堀田は平沢の結婚式に来てくれて、そのことをきっかけにその後も親交が続いた。

堀田は、のちにロッキード事件の捜査などで有名になる。

二人の新婚旅行は、アメリカ建国の地として有名なウィリアムズバーグだった。宿泊は高級ホテル、ウィリアムズバーグ・インにした。新婚と知ったホテル側は、最高級の部屋を用意してくれた。

なお昭和五十年（一九七五）に昭和天皇・皇后両陛下は、ご訪米されたが、最初に宿泊されたホテルはなんと「ウィリアムズバーグ・イン」だった。

金大中《キムデジュン》拉致《らち》事件の捜査に関与

昭和四十八年（一九七三）八月、平沢勝栄は福岡県警の警備部外事課へ課長として赴任した。担当するのは、日本国内にいる外国人スパイや密入国者を捕まえることなどである。福岡は朝鮮半島から近いため、スパイが暗躍する大きな舞台の一つとなっていた。

平沢にとって、初代内閣安全保障室長を務めた佐々淳行《さっさあつゆき》は、平沢が昭和四十八年八月から務めた福岡県警の警備部外事課課長時代の上司である。佐々は警察庁警備局外事課長として、金大中事件、シンガポール事件、文世光《ムンセグァン》事件に対応している。

平沢も、昭和四十八年に金大中拉致事件の捜査に関わったという。

この事件は、韓国の民主化運動の中心人物であり、朴正煕《パクチョンヒ》大統領の最大の政敵であり、のちに大統領となる金大中が、昭和四十八年八月八日、日本の自民党左派の宇都宮徳馬《うつのみやとくま》らに講演のために招待され、東京に来ていた滞在中に、東京都千代田区のホテルグランドパレス２２１２号室から拉致・誘拐されるという事件であった。

金大中は、船で連れ去られ、ソウルで軟禁状態に置かれた五日後にソウル市内の自宅前で発見されるというなんとも不思議な事件である。

金大中はのちに証言している。

昭和四十八年八月八日の午後一時十九分ごろ、会談を終えた金は2212号室を出たところを六、七人に襲われ、空き部屋だった2210号室に押し込まれ、クロロホルムを嗅《か》がされて意識が朦朧《もうろう》となった。そのあと、四人により、エレベーターで地下に降ろされ自動車に乗せ

金大中

られた。

パレスホテルから自動車で関西方面（神戸市）のアジトに連れて行き、その後、工作船（コードネームは龍金《ヨングム》号）で、神戸港から日本を出国したとみられる。朦朧とした意識の中『こちらが大津、あちらが京都』という案内を聞いた」と金大中は証言している。

金大中は「船に乗る時、足に重りをつけられた」「海に投げ込まれそうになった」と後日語っている。

しかし事件を察知した（当時の厚生省高官の通報によるとされる。またアメリカ合衆国連邦政府も、このことを察知していたとされる）海上保安庁のヘリコプターが拉致船を追跡し、照明弾を投下するなどして威嚇した。そのため、日本国政府に拉致の事実が発覚したことを悟った拉致実行犯は、金大中の殺害を断念し釜山まで連行したあと、ソウル特別市で解放したとされている。

金大中自身、日本のマスコミとのインタビューで、甲板に連れ出され、海に投下されることを

覚悟した時に、追跡していた日本のヘリコプターが照明弾を投下したと証言している。

ソウルで軟禁状態に置かれてから五日後、金大中はソウルの自宅近くのガソリンスタンドで解放され、自力で自宅に戻った。直後に自宅で記者会見をおこなった際、日本人記者団に対して解放された直後の心境を、《暗闇《くらやみ》の中でも尚《なお》　明日の日の出を信じ　地獄の中でも尚　神の存在を疑わない》と日本語でメモに記した。

事件後しばらく経ってから、警視庁は事件に韓国中央情報部（ＫＣＩＡ）が関与していたと発表。捜査員は、ホテルの現場から金東雲《キムドンウン》・駐日本国大韓民国大使館一等書記官の指紋を検出し、営利誘拐容疑で出頭を求めたが、東雲は外交特権を盾に拒否。東雲はＫＣＩＡの東京での指揮官とみられていた人物で、逃走に使われた自動車は在横浜副領事のものであった。日本国政府は東雲に対しペルソナ・ノン・グラータを発動、間もなく外交特権に保護されて大韓民国に帰国した。

なお、金東雲は変名で、本名は金炳賛《キムピョンチャン》であった。

警視庁の発表には「少なくとも四つのグループ、総勢二十人から二十六人が事件に関与した」とある。

平沢がいた福岡県は、韓国政府の関係者の出入りも激しい地域だ。何より韓国にもっとも近い。

「捜査員が要るので総動員して協力しました。誰が関与しているのか、というのを調べました。韓国は相当周到に準備してやっていますから」

平沢が打ち明ける。

「結局、政治的決着になってしまった。公式には認めていないけれど、裏で決着する形になった。表向きには有耶無耶《うやむや》にしないと、日韓関係が悪くなるだけですから」

のちに韓国は事件への関与を正式に認め、日本に陳謝している。

北朝鮮系大物スパイと拉致事件

このころ福岡県警外事課の作業班は、北朝鮮系の大物スパイSを何年もの間ずっと尾行し続けていた。

昭和四十九年（一九七四）のある日、その大物に不審な動きが見られた。

「どうも今日の動きはおかしい。このまま船で北に飛ぶんじゃないか？」

「そうだな。北に行くに違いない」

無線で連絡を受けた平沢は、逃亡されないようすぐさまSに職務質問するよう命じた。

ところが、作業班の一人がSに声をかけたところ、Sは何食わぬ顔で外国人登録証を出してきた。

こんな時どうすべきかの判断は、すべて警察庁に委ねられる。

平沢はすぐに警察庁に電話をかけた。

「今、Sに職務質問をしている最中です。Sは外国人登録証を見せてきましたが、北の大物スパイであることは、これまでの動きでほぼ間違いありません。どうしますか」

すると、警察庁の担当者が言った。

「登録証を持っているんだろう？　これまで偽造された外国人登録証など出たことがない。大丈夫だから放せ」

が、現場の作業班は無線の向こうから必死になって訴えてきた。

「今逃がしたら大変なことになる。職務質問をした以上、向こうは警戒するからな。何か理屈をつけて、捕まえたほうがいいんじゃないですか」

が、それでも警察庁の判断は「放せ」だった。

平沢はやむなく言われたとおりの指示を出した。

ところが、放したそのすぐあとに、Sの行方がわからなくなった。

捜索の甲斐もむなしく、それからしばらくしてSが消えた先の海上に不審船が現れたとの報告を受けた。

外事課では陸と海上双方の電波を洗いざらい調査しており、陸と海上からの接点が判明した。

どうやらSは、不審船に乗って北朝鮮へと消えたらしい。

結局、Sの外国人登録証は偽造したものだった。平沢は地団駄を踏み、その後数年経って、深く後悔することになる。

当時はまだ北朝鮮による拉致事件が発覚する前だった。行方不明者は出ていたが、北朝鮮の関与が疑われたのは昭和五十年代後半になってからだった。

さらに昭和六十年（一九八五）以降になってようやく、北朝鮮による拉致は間違いない、と認識されるようになった。

平沢は思った。

〈もしあの時Sを捕まえていれば、芋づる式に逮捕者を出せただろう。その後は北の人間もそう簡単に日本に密入国できなかったはずだ。そうすれば、もしかしたら拉致被害もこんなに拡大しないで済んだかもしれない……〉

この一件はマスコミからも警察内部からもまったく注目されることなく、そのまま忘れ去られてしまった……。

拉致問題が解決しない本質

実は拉致事件は、さまざまある。たとえば寺越《てらこし》事件だ。

寺越事件とは、昭和三十八年（一九六三）五月十一日夜から翌五月十二日未明にかけて、石川県羽咋《はくい》郡高浜《たかはま》町（現＝志賀《しか》町）高浜港沖で、漁船「清丸《きよまる》」に乗船して漁に出ていた寺越昭二、弟の寺越外雄、甥の寺越武志の三人が洋上で失踪した事件である。三人のうち、少なくとも寺越外雄と武志はのちに北朝鮮で生存している事実が確認され、北朝鮮工作員による拉致事件であることが濃厚となった。

が、実際は、それ以前から北の工作員がいろいろと動いていたのだ。

平沢は拉致問題解決のむずかしさについて語る。

「日本は拉致問題の応援を外国に頼んでいますが、外国は協力は明言するものの拉致で本当に一生懸命やってくれるかというとやや疑問だ。その大きな理由の一つは、自分たちも拉致をやっているからなんです。北朝鮮だけでなく、中国だって、韓国だってその他の国だってやっていたわけですから。拉致をやっていない日本が『北朝鮮けしからん』と言っても、他の国は実は俺たちもやっているんだという気持ちがあると思います。拉致は外国頼みではなく、日本が解決しなくては駄目です。しかし、まったく関係のない女子中学生の拉致は外国でもまずありえないことだ。ここは声を大にして言わなければならない。日本はそもそもインテリジェンス機関を持っていないが、これも他国との大きな違いです」

脱北者たちはよく「北朝鮮では『間抜けなスパイは日本に送れ。優秀なスパイは韓国に送れ』と言われている」と語る。日本は誰でも簡単に出入りできる国だから、無能なスパイでも務まる。逆に韓国は出入りが厳しいので、優秀な者でなければ務まらないという意味である。

日本にはスパイ防止法が未だに存在しない。現行法以外の法律（政令など）を使っていろいろと防止策は採っているものの、本来ならしっかりした法律を制定すべきなのである。

平沢が、のちに北朝鮮の拉致問題に深く関わるのは、この時の忸怩《じくじ》たる思いがあるからである……。

天皇の訪米の警護に抜擢

昭和五十年（一九七五）八月、福岡の外事課に勤務する平沢のもとに、警察庁から連絡が入った。

「天皇陛下（昭和天皇）が初めてアメリカに行かれることになった。ついては平沢くん、すぐに警察庁に戻ってほしい」

陛下とともに渡米する随行員を探していたところ、アメリカから帰国して二年足らずの平沢に白羽の矢が立ったのだ。

上京後、平沢勝栄はただちに皇宮警察本部護衛部付となった。

皇宮警察本部は、皇族や皇居などを訪れる国賓・公賓の警備と護衛を専門に担当する組織である。人員は約一千人。

天皇陛下の訪米については、いろいろな意見が出ていた。

「終戦から三十年経ったとはいえ、まだ早いのではないか」

「しかし日米関係の重要性を考えたら、急ぐべきではないのか」

アメリカの一部では「戦犯」という言われ方をされていた天皇陛下が、戦前戦後を通じて初めて訪米されるのである。

が、アメリカにとって天皇陛下は「旧敵国のトップ」である。日本としては「何かあってはいけない」と緊張していた。当然、迎え入れるアメリカ側も緊張していただろう。

日本の警察からは、皇宮警察から平沢を含め二人、警察庁から応援の五人の計七人が派遣されることになり、平沢は、那須御用邸で静養されている天皇陛下のもとへ挨拶に伺うことになった。

まずは、宮内庁の関係者から、天皇陛下にご挨拶するしきたりについて教わることになった。

「広いお部屋の奥に陛下はいらっしゃいます。入口から頭を下げ気味に歩き、一五メートルほど歩いて、陛下との距離が五メートルほどになったところで、立ち止まり、さらに深々と頭を下げます。陛下から労《ねぎら》いの言葉をいただいたら、また深々と頭を下げて、そのまま後ずさりして、最後に一礼して脇から退出するように。決して陛下に背中と尻を向けてはなりません」

平沢は、本番でひどく緊張した。とにかく自分のような者が陛下に近寄ること自体、畏《おそ》れ多かった。敗戦により象徴になられたとはいえ、戦前は現人神《あらひとがみ》でいらした方である。

入口を抜けると、説明を受けたとおり、だだっ広い部屋の奥のほうに天皇陛下が立っていらっしゃる。陛下の周りには入江《いりえ》相政《すけまさ》侍従長や、北白川祥子《きたしらかわさちこ》女官長など由緒ある家柄の方たちが侍立《じりつ》しており、その部屋だけ空気が違うように感じられた。

平沢にとって天皇陛下は雲の上の人であり、神様のようなもので、自分とはまったく縁のない世界にお住まいの方であった。

平沢は中学生の時、先生から「天皇陛下がご乗車されている列車が二本松を通過する」と聞かされ、福島県の二本松駅で歓迎とお見送りをしたことを思い出した。平沢たちはずらりと二列に並ばされた。列車が到着すると、先生は「頭を下げなさい！」と言った。陛下のお姿を見る余裕もなく、平沢はただじっと頭を下げ続けたことを、今でも覚えている。

そんな自分が、まさか陛下のお供をしてアメリカに行くなど、今まで夢にも思っていなかった。

陛下の周囲を固めている人たちも、名門の出ばかりで、その中に一人だけ水呑百姓が交じっているという感じである。

皇宮警察官になるためには、出自や育ちの良さなどは特に求められてはいない。ただし、一般教養として和歌、書道など日本文化的なものを学ぶよう求められている。

シークレットサービスに驚嘆

天皇・皇后両陛下の訪米日程は、昭和五十年（一九七五）九月三十日から十月十四日までの二週間である。

警察から派遣された七人のうち、四人は先に渡米することになった。アメリカ側の警備の隙《すき》を埋め尽くすような微細にわたる注文や要望をして万全を期したうえで、天皇陛下のご到着を待つ算段である。皇宮警察の勝田昭児護衛部長は随員として、平沢は随行員として、御訪米一行の正式メンバーとなり、行動を共にした。残りの一人は在米大使館勤務省をあてた。

平沢は、アメリカに着くや早々にさっそくシークレットサービスと話をした。すると、シークレットサービスが自信たっぷりに言った。

昭和天皇御訪米での随行

「陛下のことは、絶対に我々がお守りします」

訊くと、彼らはアメリカでも指折りの射撃の名手だという。外見は、サングラスにスーツ姿で統一されている。要人が表に出る時は、三六〇度監視できるよう、計算され尽くした配置がなされていた。犯人の付け入る隙などまったくない。そして常時拳銃に手をかけ、何かあれば瞬時に撃てる体制を取っていた。徹底的に訓練されていることがうかがえた。

平沢は驚き、感心した。

〈すごい。日本の警察とはまったく違う〉

平沢は、シークレットサービスに尋ねた。

「とっさの判断を間違えて、犯人とは別の人を撃ったりしませんか？」

シークレットサービスは、首を横に振った。

「間違いなど、まず起きない。しかし、万一、不幸にして別人を撃ってしまったら仕方ないことだ。しかし、その可能性はきわめて小さい」

日本の警察は一発目を空砲にして、万が一のミスを防いでいる。が、テロなどが起きる前提で警備に当たっていれば、わざと空砲にするなど言語道断だろう。

〈日本とアメリカ。こんなに差があるのか〉

これぞまさしく、プロ中のプロによる監視体制だった。残念ながら、日本の警備は「問題が起こることはまずないと思って警備している」と認めざるをえなかった。

日本の警察は先発隊を送り、アメリカ側の警備の隙を埋めようと思ったが、そんな必要はなさそうだった。日本の警察は、天皇陛下のご要望を伝える連絡係、アドバイス係、交渉係といった役どころだった。

宮内庁の天皇絶対視

最初に訪問したのは、ワシントンＤＣからほど近い、古都として知られるウィリアムズバーグだった。直接ワシントン入りすると両陛下がお疲れになるだろう、という配慮だった。ウィリアムズバーグは観光地で、観光用の馬車が目を引いた。

すると、陛下がおっしゃった。

「馬車に乗れれば乗ってみたい」

ところが馬車の座席がひどく高くて、とても一人では座席に乗れない。そこでアメリカのシークレットサービスが、両陛下を持ち上げようと陛下のお体に触れたり、皇后陛下のお尻を支えるように手で押したりした。

警察庁から派遣されたカリフォルニア大学バークレー校出身で、皇宮の護衛二課長を務めた森沢学警視が、それを見て言った。

「我々がいるのに、アメリカ人が両陛下のお体に触れて馬車に乗せようとしているが、おかしい」

そこで日本側の警護官たちがアメリカのシークレットサービスの代わりを務めることになった。

馬車遊覧も無事終わり、全員が帰って宿舎に着いた。

そのとたん、徳川義寛侍従次長が怒鳴りつけた。

「両陛下のお体に触るとは何事だ！　けしからん！」

徳川はその名のとおり、尾張（名古屋）藩主・徳川慶勝の孫である。が、森沢警視も負けてはいなかった。

「そんなことを言うが、アメリカのシークレットサービスは、天皇陛下と皇后陛下を馬車に乗せるために、みんな両陛下のお体に触れているじゃないか。我々が駄目で、なぜ彼らはやっていいのだ？」

その勢いに押され、さしもの徳川侍従次長も黙ってしまった。

両陛下のアメリカ訪問について来たマスコミの一部も、この警察と宮内庁の大喧嘩《おおげんか》を見ていた。

平沢は記者たちに釘を刺した。

「このことは絶対に書かないと約束してくれ。頼んだよ」

平沢は、皇宮警察の大変さを改めて感じた。

徳川侍従次長の気持ちもわからないではない。平沢は、天皇陛下と食事をご一緒した際、侍従から「決してお食事をされているところを見てはいけない」と注意されたことがあった。それほどに、天皇陛下は尊い、特別なお方なのである。

エアフォースワンが貸与される

二日目、一行はワシントンＤＣに入った。

ホワイトハウスで、ジェラルド・Ｒ・フォード大統領主催の歓迎晩餐会がおこなわれた。同行した平沢は、ホワイトハウス内にいる警官の多さに圧倒された。

晩餐会前の夕刻、天皇陛下がホワイトハウスの庭園でスピーチに立たれた。

この日の空は、どんよりした雲で覆われていた。ところが、天皇陛下がスピーチに立たれたとたん、雲がサーッと引いていき、太陽が顔を出した。

会場にどよめきが広がった。平沢もまた、陛下の太陽を浴びた神々しいお姿をまぶしく見やった。

陛下は、次のようにスピーチされた。

「わたくしは多年、貴国訪問を念願しておりましたが、もしそのことがかなえられた時は、次のことをぜひ貴国民にお伝えしたいと思っておりました。と申しますのは、わたくしが深く悲しみとするあの不幸な戦争の直後、貴国が我が国の再建のために温かい好意と援助の手を差し伸べられたことに対して、貴国民に直接感謝の言葉を申し述べることでありました」

会場からは大きな拍手が巻き起こった。

晩餐会では、陛下と大統領が通訳を介していろいろお話をされ、予定の時間を大幅にオーバーして深夜にまで及んだ。

ワシントンDCからニューヨークの間は、特別に大統領専用機エアフォースワンが貸し出された。平沢も随行員として搭乗することが許された。

ニューヨーク植物園見学の際には、天皇陛下が植物学者として皇后陛下に植物を手にとってご説明された。

またニューヨークではシェイスタジアムで野球を観戦されたり、郊外にあるロックフェラーの邸宅に立ち寄られたりした。

シカゴ、サンフランシスコと続く各訪問先では、現地の人々がホテルの玄関先などに集まって両陛下を歓迎した。

日本側は当初、不特定多数の人が集まる場に両陛下をお連れすると危険ではないか、とひどく心配していた。

というのも、四年前の昭和四十六年（一九七一）秋に、両陛下はイギリスをはじめヨーロッパ七カ国を訪問された。この時は、戦争の記憶がまだ生々しく心に残っている人たちが、昭和天皇ご一行に液体の入った魔法瓶などいろいろなものを投げつけてきた。

ロンドンの王立植物園「キューガーデン」に行かれているが、陛下が植樹された木は根こそぎ抜かれ、毒薬が撒《ま》かれた。まだまだ日本の戦争責任へのわだかまりが消えていなかったのである。

ところが、ヨーロッパよりひどいと思っていたアメリカでは、日本側の予想に反し、日本の戦争責任を問題視する現地の人々の姿はなかった。両陛下の誠実で明るいお人柄を知ったからか、日本に原爆を二度も落とした罪悪感からか、「未来をともに協力して切り拓《ひら》こう」という前向きさが感じられた。

銃器不法所持者が

また、各地に在住する日系人や日本人駐在員なども大勢集まって、両陛下のご訪問を歓迎してくれた。ここでも心配は吹き飛んだ。どこへ行っても歓迎、歓迎であった。

が、ヒヤリとした一幕もあった。サンフランシスコに滞在し、これからロサンゼルスに向かおうという時に、シークレットサービスから連絡が入った。

「ホテルの外に、ピストルを持ったヤツがいる」

ホテルの前には、両陛下を一目見たいと大勢の人々が集まっていた。加えて捕鯨を許している日本に対して「捕鯨反対」のプラカードを掲げるデモ隊も多数集まっていた。陛下とは関係ない話であるが、捕鯨反対デモはどこの都市でも大々的におこなわれた。

両陛下は表玄関から出て、ご自分たちのために集まってくれた人々と向き合いたかった。が、やむなく予定とは違う反対側のドアから両陛下に出ていただくことになった。

なお、ご訪問中、銃器不法所持者の検挙が四件、不審者の発見情報が九件あり、平沢らは冷や汗の連続だった。

シカゴでは農場の見学をされ、天皇陛下は大きなトラクターの助手席に乗られた。

ロサンゼルスでは、ディズニーランドの見学もされた。これは陛下のたってのご希望で、今回の訪米スケジュールの中にあらかじめ組み込まれていた。

両陛下の前に飛び出してきた金髪の男の子を、皇后陛下が膝《ひざ》に抱き寄せて縫いぐるみのパレードを楽しまれる一幕もあった。

平沢は、両陛下が童心に返って楽しまれているご様子を、印象深く胸に刻んだ。

最初にご挨拶した時は、ただ緊張するばかりであった。が、アメリカ滞在中は、陛下とごく普通の会話もできた。この時の陛下は「品の良い紳士」といった雰囲気であった。

陛下はディズニーランドのことだけでなく、ディズニー映画についてもご存じだった。訪米にあたり勉強もされたのだろう。

ディズニーランドを楽しまれている両陛下の写真は世界中に流れ、大変な話題となった。

最後の訪問先はハワイである。ホノルル海岸では、天皇陛下と皇后陛下が別々に行動することになった。外務省の通訳は天皇陛下についていたので、皇后陛下の通訳は平沢がおこなう場面もあった。訪米スケジュールのほとんどをこなし、同行した者同士気心が知れたこの時は、みんなリラックスした表情を浮かべていた。

皇太子と美智子妃殿下の警護に

昭和五十年（一九七五）十月、天皇・皇后両陛下の随行員としての役割を無事果たした平沢は帰国し、その後、昭和五十一年一月には、平沢は皇宮警察の護衛二課長となった。次に護衛するのは、皇太子殿下と美智子妃殿下（現＝上皇・上皇后両陛下）である。

平沢は、お忙しい両殿下と同じ御料車に乗り、あちこちへ随行した。

昭和天皇・皇后両陛下の随行員をしていたころの御料車は、前座席と後部座席の間に透明な仕切り板が設置されていた。そのため、両陛下が後部座席に乗車されて後部座席の補助席にいる侍従長と会話されても、助手席にいる平沢の耳には届かないようになっていた。が、皇太子・同妃両殿下がお乗りになる御料車は、普通の乗用車と同じで仕切りがなかった。

美智子上皇后

明仁上皇

平沢が随行する場合、車両の末席に当たる助手席に侍従と一緒に乗りこむ。仕切りがないので皇太子ご夫妻の会話はまる聞こえであった。

お二人は、平沢にいろいろと声をかけられた。途中に沿道で起こっていることで疑問点があると、すぐに「これ何なの？」とお尋ねになられる。

「今日は通りのお店が全部閉まっているようですけど、何か特別なことがありますの？」

「白ネクタイの方が多いですけど、今日はお日柄がよいのかしら？」

いつも同じ道を通っているので、ちょっとした変化にもお気づきになる。いろいろな質問をされるので、平沢もあらかじめ勉強しておかねばならなかった。

逆に、警察がらみの事件や政治などについて口になさることは一切ない。それ以外の話題であれば「新聞にこんなこと出ていましたけど……」とよくお尋ねになられた。

ニュースの中で特にご関心をお持ちだったのが、オリンピックなどスポーツ関連だった。皇太子ご夫妻はスポーツがお好きで、揃ってテニスとスケートされることが多かった。

テニスはダブルスで皇太子ご夫妻がチームを組まれる。相手チームは外からテニス仲間やご友人などをお招きになるが、スケジュールが合わない場合も出てくる。

そこで平沢は、護衛官の中でテニスが上手な者を常時集めていた。たまに陛下から「課長もやってください」とお誘いがくる。

平沢なりに頑張ったが、テニスが不得意なので、冷や汗の連続だった。

また平沢は、皇太子ご夫妻に随行してたびたび千駄ヶ谷スケート場に足を運んだ。最初は皇太子ご夫妻に「平沢さんもやりましょう」と誘われ、スケート靴を借りておそるおそる氷上に立った。

が、怖くて手すりから手を離すこともできない。

〈みっともないし、転んで骨折でもしたら大変だ〉

残念ながら、平沢は皇太子ご夫妻と一緒にスポーツを楽しむことはかなわなかった。

想像以上の両殿下の気配り

平沢勝栄は、皇太子・同妃両殿下がご乗車になるお召し列車にも随行した。鉄道沿線の各地域では、「今日は皇太子ご夫妻がここを通られる」と話題になる。駅や街道で日本の旗を振ってくれる団体もいれば、農作業中の手を休めて手を振って歓迎してくれる国民もいる。皇太子ご夫妻は、たとえ一人でも手を振ってくれる人がいれば、座席から立って手を振られた。

両殿下は、国民一人ひとりを一期一会の精神で非常に大切になさっていた。平沢は、車窓から前方を見て手を振っている国民を見つけたら、「あ、あそこに立っています」と両殿下に伝えることも重要な役目だった。

すると両殿下はサッと座席をお立ちになり、国民に向かって車窓から手をお振りになる。平沢は心の中で驚嘆していた。

〈国民に対するお気の遣い方がこれほど徹底されているとは、まったく想像もしなかった〉

だから平沢も気を抜くことができない。列車に乗っている間はずっと外を気にしなければならないので、体力的にも精神的にもきつくて大変だった。

当時の皇室警備は、御料車の前後には護衛車が何台も付き、訪問先も警備だらけだった。両殿下は、イギリスの王室のようにできるだけ国民との間に垣根を作らないで接したい、というご希望を強くお持ちだったようだ。

侍従が平沢に繰り返し言った。

「警察の方々は、両殿下に近寄ろうとする国民をあまり厳しく制止しないでいただきたい」

皇族の方々が直接、警察などに意見されることはない。つまり、侍従を通して、そして、侍従の意見として両殿下のご意向が伝えられる。しかし、侍従が自分の意見を両殿下の意向として言うことも多かった。警察は、両殿下をお守りする職務と、両殿下のご意向と称する宮内庁の意向との板挟みになってしまう。これがまた辛かった。

平沢は思った。

〈宮内庁は、もし何か起こったらなんと弁解するのだろうか〉

重箱の隅をつつくように、とはまさに宮内庁のためにある言葉だった。侍従は「あそこの警察官はいらない」などと言ってくることもある。が、警察は、侍従の言葉は殿下のお言葉と同じと考え、なるべく言われたとおりにしなければならない。

両殿下の国民を深く思うお気持ちは、ほかのことでも強く感じられた。東宮御所の門前には、制服の警官が立っている。両殿下は、交代勤務する警察官の名前と顔をほとんど覚えていらした。

昭和天皇が初訪米をした際、徳川義寛侍従次長と大喧嘩した警察庁の森沢警視は、その後、亡くなったが、それから一年経った時のことである。美智子妃殿下が車中で平沢に声をかけられた。

「平沢さん、森沢さんはそろそろ一周忌なので、くれぐれも、奥様によろしくお伝えください」

平沢は驚いた。

〈一般人だって一周忌のことはまず忘れてしまう。それをお忙しい美智子妃殿下が、こうして気にかけてくださる。本当にすごいお方だ〉

エリザベス女王の微笑み

昭和五十一年（一九七六）六月八日、皇太子・同妃両殿下（現＝上皇・上皇后両陛下）は、天皇・皇后両陛下のご名代としてヨルダンとユーゴスラビアを訪問されることになった。さらにその足で、イギリスにも向かわれ六月二十五日に帰国の予定である。

ヨルダンでは、首都アンマンからヘリコプターでアカバ、ペトラ、死海などの観光地を回ることになった。

平沢は、現地の警備責任者に確認した。

「ヘリコプターで本当に大丈夫か？」

「これほど安全な乗り物はない。万が一のことがあったら、砂漠に緊急着陸ができる」

「ハッサン皇太子が操縦なさるのですか？」

「そうだ。皇太子はヘリコプターの操縦のプロだ。皇太子にお任せしていれば絶対に大丈夫だ」

平沢は多少の不安を抱えながら、両殿下がお乗りになったヘリとは別のヘリに乗り込んで随行した。

何事もなく、両殿下を乗せたヘリコプターは無事にアンマンまで戻ってきた。

ところが、数カ月後、ヨルダン・フセイン国王の王妃アーリアが乗った軍用ヘリコプターが、アンマンで嵐に巻き込まれ墜落。二十九歳だったアーリア王妃は、短い生涯を終えることとなった。

事故を知った平沢は、肝を冷やした。「ヘリコプターは絶対安全」と言っていたが、この事故はどういうことなのか。操縦者はハッサン皇太子ではなかったし、両殿下の時は晴れていた。が、事故というものは、起きる時には起きるのだ。絶対ということはありえないということだろう。

イギリスでは、毎年六月の第三週にアスコット競馬場で、イギリス王室が主催する競馬「ロイヤルアスコット」が開催され、イギリスの王族が一堂に会する。そこに皇太子・同妃両殿下も招かれていた。

宿泊は、イギリスの君主公邸の一つであるウィンザー城だった。ウィンザー城は部屋数が多いものの、ホテルとしての設備はほとんどできていない。部屋に電話はなく、外の廊下に設置してあるのは消防署直通の電話だ。普通の電話は置かれていなかった。平沢たち随行員たちは、打ち合わせをする時にいちいち部屋を訪ねて回らなければならない。

夜中の十一時過ぎ、日本人スタッフの一人が、普通の電話と間違えて消防署直通の受話器を取った。もちろん、繫がったのは消防署だった。日本人スタッフは訳がわからないまま、電話を切ってしまった。

いっぽう連絡を受けた消防署は、ウィンザー城からの連絡なので何かあっては大変と、電話から数分後に消防車七台をウィンザー城に向かわせた。

翌朝、皇太子殿下がエリザベス女王に詫びを入れた。

「昨晩はうちのスタッフがご迷惑をかけて、大変申し訳ございませんでした」

するとエリザベス女王は、微笑みながら言った。

「いえ、とんでもありません。消防のいい訓練になりましたよ」

このお言葉で、しょげ返っていた日本のスタッフも救われた。

浩宮殿下のベルギー訪問に同行

昭和五十一年（一九七六）八月七日から八月十八日まで、浩宮殿下《ひろのみや》（現＝天皇陛下）が学習院高等科二年生の時、ベルギーの王室から招待を受け、ご旅行されることになった。

ベルギー王室と日本の皇室はかなり親しい間柄だった。そのきっかけは、大正十二年（一九二三）に発生した関東大震災の折に、当時のベルギー国王アルベール一世が復興のためにと相当な数の高価な美術品を日本の皇室に贈ったことがきっかけだという。

浩宮徳仁陛下

あくまで、ご旅行ということで、同行したのは平沢のほかに宮内庁からの二人の計三人だけだった。一行はベルギーで一泊したあと、ボードワン国王陛下の別荘があるスペイン南部のモトリルへベルギー王室機で向かった。

浩宮殿下はボードワン国王陛下、スペイン出身のファビオラ王妃陛下、フィリップ王子、そのご親族たちなどと一緒に数日間を過ごされ、アルハンブラ宮殿など各地を回られた。その中で、同い年のフィリップ王子と特にお親しい関係になられた。

浩宮殿下は、ベルギーの王族を感服させるほど礼儀正しく、地元のマスコミも絶賛した。

「これほど素晴らしいお方だとは思わなかった」

皇太子・同妃両殿下（現＝上皇・上皇后両陛下）は、浩宮殿下が現地でどのようにお過ごしになっているか、現地でどのように受け止められているかを非常に心配されているご様子だった。

そこで平沢は、浩宮殿下について書かれた現地の新聞記事などに現地の模様を書き加えて皇宮警察経由で皇太子・同妃両殿下へ送った。

日本から毎日届く電報には、皇太子・同妃両殿下の心配事や、現地での歓迎ぶりにお喜びになっている様子が事細かく書かれていた。

今回の旅行の目的は、浩宮殿下の社会見学である。厳重警備が必要な行事もない。平沢は、随行員としてかつてないほど自由な時間を味わうことができた。

行きの飛行機の中で、浩宮殿下が「退屈ですね」とおっしゃる。そこで平沢は言った。

「将棋でもやりましょうか」

浩宮殿下は「やりましょう」とうなずかれた。どこで学習されたのか、将棋のルールはきちんと習得されていて、なかなかの腕前だった。

日本赤軍に敢然と対峙

平沢勝栄は、警察官僚だった一九七〇年代、世界中を震撼《しんかん》させた日本発のテロ組織である日本赤軍の捜査も担当している。

日本赤軍は、昭和四十六年（一九七一）五月三十日から平成十三年（二〇〇一）まで存在した日本の新左翼系の国際武装組織だ。

昭和四十六年に共産主義者同盟赤軍派の重信房子《しげのぶふさこ》、京大パルチザンの奥平剛士《おくだいらつよし》らがパレスチナでパレスチナ解放人民戦線（ＰＦＬＰ）への国際義勇兵（アラブ赤軍）として結成し、昭和四十九年に公式に「日本赤軍」と名乗った。以降、東側諸国や中東諸国からの支援を受けて多数の武装闘争事件を起こした。平成十三年に重信自身が解散を表明したが、現在も七人が国際手配中である。

平沢は、皇宮警察で二年四カ月勤務したのち、昭和五十二年（一九七七）十二月から警察庁に戻り、警備調査官室に勤務することとなった。

この時に担当したのが日本赤軍だった。

昭和五十二年九月二十八日、フランスのパリ、シャルル・ド・ゴール空港発ギリシャのアテネ国際空港、エジプトのカイロ国際空港、パキスタンのジンナー国際空港、インドのムンバイ国際空港、タイのドンムアン国際空港、香港の啓徳国際空港経由東京国際空港行きの日本航空472便が、経由地のムンバイを離陸直後に、拳銃、手榴弾《しゅりゅうだん》などで武装した日本赤軍グループ五名によってハイジャックされた。

航空機は、カルカッタ方面に一度向かったあと、進路を変更してバングラデシュの首都ダッカのジア国際空港に強行着陸。犯人グループは人質の身代金として六〇〇万ドル（約十六億円）と、日本で服役および勾留中の九名（奥平純三、城崎勉、大道寺あや子、浴田由紀子、泉水博、仁平映、植垣康博、知念功、大村寿雄）の釈放と、日本赤軍への参加を要求。これが拒否された場合、または回答が無い場合は人質を順次殺害すると警告した。

この時、犯人グループから「アメリカ人の人質を先に殺害する」という条件が付けられ、この影響を受けて、その後の日本政府の対応にアメリカへの外交的配慮があったとする見方もある。また、この便には当時のアメリカ合衆国大統領ジミー・カーターの友人であるアメリカ人銀行家が乗っており、犯人たちはそのことを事前に知っていたという。

その後、ハイジャック機はジェット燃料の消費を抑えるため、エンジンを停止させたことで機内の気温が四五度C以上に上昇し、熱中症で倒れる者が続出した。

しかし、たまたま乗り合わせた日本航空の嘱託《しょくたく》医師の穂刈正臣が手当てをおこなったほか、機長が空港関係者にエアコンを作動させるための補助動力車と水を要求し、これが受け入れられたためにことなきを得た。

犯人たちは人質からパスポートと時計、金銭や貴金属類を没収し、手荷物を降乗口に積み上げバリケードとした。窓のシールドは降ろさせられ、機内での要求はすべて女性客にやらせた。

日本政府はこれ以上の交渉や武力での解決を良しとせず、十月一日に福田《ふくだ》赳夫《たけお》総理が「一人の生命は地球より重い」と述べて、身代金の支払いおよび「超法規的措置」として、収監メンバーなどの引き渡しをおこなうことを決めた。

なお、釈放要求された九人のうち、植垣は「日本に残って連合赤軍問題を考えなければならない」、知念は「一切の沖縄解放の闘いは沖縄を拠点に沖縄人自身が闘うべきものであり、日本赤軍とは政治的、思想的な一致点がない」、大村は「政治革命を目指す赤軍とはイデオロギーが異なる」と述べ、それぞれ釈放および日本赤軍への参加を拒否した。

事件後、警察庁には日本赤軍対策のための警備調査官室が作られ、平沢は初代の調査官室次席となったのである。

平沢が語る。

「これまでにない調査活動を海外ですることになり、作られた組織。従来と違うのは、基本的には日本国内ではなく、外国のインテリジェンスや警察当局などと会い、情報を収集することを目的としました。各国で、さまざまな情報を得ながら、日本赤軍の活動を止めさせることでした」

選ばれたのは、平沢同様、かって海外留学を経験した者ばかりであった。海外での活動が中心となるので、言葉が自由に操れることが必須条件だった。

英語が堪能な平沢は、中東やインド、ヨーロッパ各国に足を運び、情報収集に励んだ。

すぐに海外に行けるように常時パスポートを持っていたという。

平沢は、日本赤軍が潜伏していたレバノンのベイルートにもたびたび足を運んだ。

だが、当時のレバノンの日本大使館はまったく協力的ではなかった。

「警察から来ると、在ベイルートの日本人が赤軍に狙われるから困る」

平沢たちのレバノン入国を断ってきたのだ。

しかし、平沢は諦めなかった。

シリアのダマスカスから陸路でベイルート入りを果たした。

平沢は、現地の日本外務省の協力を得られなかったが、独自で活動した。平沢はアメリカに留学する前に警察庁外事課に所属していたが、この当時、アメリカやイギリス、フランスなどのインテリジェンスと情報交換をおこなうことが頻繁にあり、付き合いがあったのだ。彼らが協力してくれたのだった。

特に在ベイルートのアメリカ大使館は、レバノンの捜査当局との会見をセッティングするなど、非常に協力してくれた。

その結果、レバノンの捜査当局もアメリカに言われたからか驚くほど協力をしてくれた。

レバノンは日本赤軍が活動しているベイルートのパレスチナのキャンプにある日本赤軍の所在地まで教えてくれたのである。

さらに、平沢は協力を依頼した。もちろん、この時はお土産も用意している。

「ベイルート空港や国境などで、レバノンに出入国する日本人の記録のコピーがほしい」

この平沢の提案をレバノン当局は受け入れてくれた。

そのため、日本赤軍メンバーの偽造パスポートの番号が次々に判明し、日本赤軍の居場所や行動が把握しやすくなったという。

日本赤軍も偽造パスポートの番号を日本の当局に知られたことを察知したのか、外に出て活動することをしばらくやめたという。

偽造パスポートが割れていることを知らずに使い、逮捕されるメンバーも出た。

平沢は事件が起きたムンバイ国際空港のあるインドにも足を運んだ。身代金として日本赤軍に渡した六〇〇万ドルの一部がイラク・バスラからの入国者に使用されていたからだった。

日本は身代金の一〇〇ドル札の番号すべてを控えていた。その一〇〇ドル札の番号は、連番でなくバラバラであった。

インド政府は、大量の一〇〇ドル札を一枚一枚チェックしてくれて、そのバラバラの番号の一〇〇ドル札のなかから日本赤軍にわたった一〇〇ドル札を見つけ出してくれたのである。

平沢は、この当時、各国のインテリジェンスと情報交換する中で、彼らに言われた三つのことが今も印象に残っている。

「なぜ、日本は赤軍に関する情報収集活動をインテリジェンスじゃなくて、警察がやっているんだ。なぜインテリジェンスがやらないのか」

「情報を渡すと漏れる可能性がある。日本は機密情報保秘の体制はちゃんとしているのか」

「インテリジェンスの世界はあくまでギブアンドテイクだ。我々は命がけで取った情報を渡すけれど、日本はそれに値する情報を我々にくれるのか」

平沢は、情報機関を設置していない日本の弱さを痛感し、同時に必要性を実感した。

平沢は、かつてアメリカのＣＩＡの本部に行った時、入口でＣＩＡ関係者の追悼碑《ついとうひ》を見たことがある。

そこには名前が刻まれている碑もあれば、無名で星印だけの碑もあった。

訊いてみると、それは亡くなった後も誰なのかは明かせない関係者を追悼する碑なのだという。

ＣＩＡの徹底した情報管理を痛感した瞬間であった。

在イギリス日本大使館一等書記官

昭和五十五年（一九八〇）四月、平沢は、在イギリス日本大使館の一等書記官に就任。

駐在前、外務省の研修所で、海外駐在に必要なさまざまなことを教わった。その中で、特に印象的な教えがあった。

「外国で女の問題などで困ったことがあったら、正直に全部言え。正直に話してくれさえすれば、絶対に不利には扱わない。もし誰にも言わず、自分で背負ってしまうと、相手国に利用され続けるか、国を売った苦悩から自殺に追い込まれるか、二つに一つだ。外務省はこれまで何人もの自殺者を出している。外務省は不名誉だから大きな声で言わないだけで、自殺者を多く出しているんだ」

藤波官房長官の秘書官に

昭和六十年（一九八五）四月、ロンドンから帰国した平沢勝栄は、警視庁教養課長、防犯総務課長を経て、藤波孝生《ふじなみたかお》内閣官房長官の秘書官に就任した。

イギリス帰国後も、安倍晋太郎は赤坂の料亭で開かれる年末の大宴会に平沢を招待してくれた。年末だけでなく、気が向いた時には声をかけてくれる。そんな時の食事は、決まって都内港区浜松町のふぐ屋だった。

晋太郎は自分の話もしたが、一方的にしゃべるだけでなく、平沢の話もじっくり聞いてくれた。そして「遠慮しないでどんどん食べろ」と料理を勧めてくれる。何気ない気遣いに、晋太郎の優しさと心配りをしみじみと感じた。生臭い政治の話はしなかったが、晋太郎はたまに興味深い政界の話を聞かせてくれた。

当時は、藤波孝生内閣官房長官のもとには大蔵省と外務省と警察庁から秘書官がそれぞれ派遣された。さらに、藤波の個人の事務所から政務の担当秘書官が選出され、四人で官房長官を支えた。

現在は、経産省や総務省、防衛庁などからの秘書官も増えたが、当時は四人であった。

藤波孝生は、昭和七年（一九三二）十二月三日、三重県度会《わたらい》郡神社《かみやしろ》町（現＝伊勢市）で生ま

れた。三重県立宇治山田高等学校卒業後、早稲田大学商学部に入学。大学時代は政治家への〝登龍門〟とされていた雄弁会で活躍した。当時の愛称は「神様」だったという。

大学卒業後、家業の和菓子店に務めながら、伊勢青年会議所を組織し、副理事長に就任。それを選挙母体として、昭和三十八年（一九六三）に三重県議会議員に当選。県議を一期務めた。

地元選出の衆議院議員の浜地文平《はまちぶんぺい》が引退する際に、後継指名され、昭和四十二年（一九六七）、自民党で三重県第二区から立候補し、初当選を飾る。

中曽根康弘《なかそねやすひろ》の側近として頭角を現し、科学技術庁政務次官、文部政務次官、自民党文教部会長などを歴任。

第二次大平《おおひら》内閣で労働大臣として初入閣し、中曽根内閣では後藤田正晴に代わり、昭和五十八年十二月から内閣官房長官を務めていた。当時は、渡辺美智雄《わたなべみちお》と並んで中曽根派のプリンスと言われ、政策グループ「新生クラブ」のリーダーとして活動した。

藤波は俳人としても有名で「孝堂」の俳号で多くの句を残している。

「控え目に　生くる幸わせ　根深汁」

という句は彼の人生訓であると言われ、よく知られている。

当時の首相は中曽根康弘だった。第一次中曽根政権は昭和五十七年（一九八二）十一月に発足し、竹下登《たけしたのぼる》政権にあとを譲るまでの五年間続いた。

平沢は、藤波の実家である三重県伊勢市に何度も足を運んだ。家業の和菓子店『藤屋《ふじや》窓月堂《そうげつどう》』で、平沢は利休饅頭《りきゅうまんじゅう》などをよく購入した。リクルート事件が発覚したあとに、「リクルート饅頭」と揶揄《やゆ》されてしまうが、実に美味しい饅頭だった。

JAL御巣鷹山《おすたかやま》墜落事件

藤波は非常に冷静な人物で、どんな緊急時にも判断力が鈍らなかった。

昭和六十年（一九八五）八月十二日午後六時五十分ごろ、羽田空港から伊丹空港へ行く日本航空123便の機体が消えたとテレビで報道された。

このニュースを知った時、平沢は首相官邸で一人きりだった。平沢は、八月十五日におこなわれる予定の「中曽根総理の靖国神社の公式参拝」の準備に余念がなかった。お盆休み中だったこともあり、他のスタッフは誰もいない。

〈これは大変だ〉

平沢はすぐさま、都内で食事中の藤波に連絡を取った。

「ジャンボ機が行方不明との報道がありました。墜落している可能性大ですから、ともかく大至急戻ってください」

次に平沢は、中曽根総理につく吉野準総理秘書官に連絡を取った。

中曽根は軽井沢から東京に戻る電車で移動中だった。

この年は日本の携帯電話の曙《あけぼの》の年と言われており、ＮＴＴから一般向けに初めて誕生した携帯電話「ショルダーフォン１００型」が販売されていた。普段は車に搭載しておいて、必要な時だけ肩掛けベルトのついた通信端末を持ち歩くスタイルのもので、重さは実に三キロもあった。

吉野秘書官は携帯電話に出たものの、電波が悪く、さらには列車がしょっちゅうトンネルに入るため、まったく会話が成立しない。結局、きちんと要件が伝えられたのは、列車が上野駅に到着したあとのことだった。

午後七時十五分ごろ、藤波孝生が官邸に到着した。平沢が言った。

「大変なことになりますよ。官房長官は最高責任者ですから、絶対にここを動かないでください。刻々と情報を入れますから」

そのうち「墜落した」とのニュースが報道され始めた。それからは大騒ぎとなった。が、その中で藤波はあくまで冷静だった。

自衛隊が現地捜索に入ったが、墜落場所はなかなか特定できなかった。

やがて現場が群馬県上野村御巣鷹山付近であるとわかった。

翌日になると、官邸に現場の様子が写った写真が次々に届けられた。被害者のご遺体は、見るも無惨だった。頭が割れ、目や臓器が飛び出し、手足があらぬ方向に折れ曲がっている。戦争被害者の遺体よりも、損壊ぶりがひどかった。

平沢がその写真を藤波に見せようとした。が、藤波がそれを制した。

「いや、僕はいいよ」

警察官僚である平沢は、これまでに死体を何度も見ていて慣れている。が、藤波は写真を見るのも苦手なようだった。平沢にはその時の藤波の様子が強く印象に残っている。

藤波は内閣府などの各責任者を呼んで、さまざまな指示を出した。まずは乗客に政府要人などがいないかチェックさせた。乗客名簿だけでは所属や肩書きなどがわからないため、手分けして調査する必要があった。

内々に調査を進めると、歌手の坂本九《さかもときゅう》の名前がすぐに出てきた。そのほかにも、ハウス食品工業（現＝ハウス食品グループ本社）の浦上郁夫《うらがみいくお》代表取締役社長、阪神タイガースの中埜肇《なかのはじめ》社長などの名前が見つかった。

乗員乗客全員死亡と思われていた中、四人の生存者がいた。その情報を『赤旗』がいち早くトップ記事として大々的に報じた。

平沢は驚いて関係者に訊いた。

「どうして『赤旗』に出て、一般紙には出ていないんだ」

生存者のうち、ヘリで救出された子どもの父親は共産党の支持者だったから『赤旗』が最初に報じることができたのだ。

死者数五百二十人、生存者四人と、単独機での事故、また自社責任での事故では世界最悪の航空事故となった。

中曽根総理の靖国公式参拝

平沢は、藤波の秘書官を昭和六十年（一九八五）の十二月まで八カ月ほど務めた。他に大きい出来事は、昭和六十年八月十五日におこなわれた中曽根康弘総理の靖国神社の公式参拝だった。

「わたしが担当したからよくわかりますが、もちろん中国などの反発も強い。そのためにどうしたらいいかということを考えました」

藤波たちが知恵を絞り、そのために学者や専門家、宗教家などを入れた懇談会を作り、その人たちの意見を聞き入れるという形にした。

報告書をもらって、中曽根総理は、昭和六十年八月十五日に公式参拝した。

その答申では、公式参拝は神道の二礼二拍手一礼をしなければ憲法違反ではないという形にできるという見解であった。

だから中曽根総理は、その時は、昇殿して、神道のやり方はとらずに、頭だけ下げるようにした。

しかし、反発はすぐにあった。

八月十五日に、中国や韓国からものすごい批判が出た。特に中国の反応は激しく、中国国内でのデモにまで発展していく。

その中で中曽根と親しかった胡耀邦《こようほう》（フーヤオパン）総書記から手紙がきたという。

平沢は、その手紙の内容を藤波から聞いたが、

「このままいくと、自分は今のポストにいられない、追放されてしまう」

と切実な状況が綴《つづ》られていた。

中曽根は胡耀邦と親しかったこともあり、その胡耀邦を助けるためにも今後の公式参拝はやめることになった。その次の年は官房長官が後藤田に代わっていた。その後藤田も、直近になって、自分も総理も参拝しないことを明言した。

背景には、藤波官房長官の時と同じく、中曽根と親交のある中国の胡耀邦の立場が危うくなったことがあったのである。

第四章　二人の名官房長官

「カミソリ後藤田」官房長官の「五訓」

昭和六十年（一九八五）十二月二十八日、平沢勝栄は、藤波官房長官から替わった後藤田正晴《ごとうだまさはる》内閣官房長官の秘書官に就任した。

平沢は、同じ警察庁出身である後藤田正晴から実に多くのことを学んだという。

後藤田正晴は、大正三年（一九一四）八月九日、徳島県麻植《おえ》郡東山村（現＝吉野川市美郷）に後藤田増三郎とその妻ひでの四男として生まれる。両親を早くに亡くしたため、姉・好子の婚家で徳島有数の素封家の井上家で育てられる。東山小学校・富岡中学を経て、旧制水戸高等学校（乙類）に入学。

昭和十年（一九三五）に東京帝国大学法学部法律学科に入学。卒業後は内務省に入省した。

終戦を台湾で迎えると、復員後に、故郷での静養を経て、内務省に復職。

昭和二十二年（一九四七）八月に警視庁保安部経済第二課長となり、以後は警察畑を歩む。

その後は、自治庁長官官房長を務め、警察庁の長官官房長、警備局長、警務局長、警察庁次長を経て、昭和四十四年（一九六九）八月十二日に警察庁長官に就任。

このころの部下の一人に、のちに初代内閣安全保障室長を務めた佐々淳行がいる。

昭和四十七年六月二十四日に警察庁長官を辞任。この年七月、田中角栄《たなかかくえい》に抜擢《ばってき》され、第一次田中角栄内閣の内閣官房副長官に就任。田中の懐刀として辣腕《らつわん》を揮《ふる》い、「カミソリ後藤田」の異名で恐れられた。

昭和四十八年十一月に官房副長官を辞職し、郷里の徳島県から参議院選挙に出馬するための準備を始める。

しかし、徳島県は三木派を率いる三木武夫《みきたけお》副総理のお膝元であり、一人区である徳島県選挙区は三木派の城代家老の久次米健太郎《くじめけんたろう》が現職だったことから、自民党公認を巡って党内が紛糾。選挙戦は阿波戦争（三角代理戦争）と呼ばれる熾烈《しれつ》なものとなり、後藤田は、十九万六千二百十票の久次米に対して、十五万三千三百八十八票で及ばず、敗北した。

さらに、この選挙では陣営から二百六十八人もの検挙者を出し、「金権腐敗選挙」と強く非難される。のちに後藤田は、「あの選挙は自分の人生の最大の汚点」と述べている。

その後は、昭和五十一年（一九七六）の衆院選に徳島県全県区（当時）から立候補し、初当選を飾った。以降は、第二次大平内閣で自治大臣兼国家公安委員長を務め、中曽根内閣が発足すると官房長官に就任。行政管理庁長官を経て、初代の総務庁長官を務めた。

昭和六十年十二月に総務庁長官を辞職し、官房長官に再び就任した後藤田は、昭和六十二年十一月六日に竹下登内閣が誕生するまで、その任をまっとうし続けた。

後藤田正晴との懇談

昭和六十一年、内閣機能を強化するために安全保障室、内政審議室、外政審議室など五室が作られた時に後藤田は五人の室長を前にして次のように訓示した。

一、省益を忘れ、国益を追え。
二、嫌な悪い事実まで報告せよ。
三、勇気を持って意見具申せよ。どうしましょうかと言うな。
四、俺の仕事ではないと言うな。
五、決定が下ったならば、必ずそれに従え、そして実行せよ。

この訓示は「後藤田五訓」として今も語り継がれている。官僚の限界や欠点を知り尽くした後藤田ならではの「訓《おし》え」である。

その間、平沢は官房長官秘書官として、後藤田に仕え続ける。

傍らで見た後藤田の印象はどんなものだったのか。

「後藤田さんは筋金入りの反戦平和主義者でした」

平沢は後藤田から繰り返し言われた。

「絶対に戦争をしてはならないということ。もう一つは、戦争を知らない人が国のリーダーになった時、この国の将来は危ない」

平沢は後藤田の真意を読む。

「後藤田さんは、戦争の実情を知る人が減り、ゲーム感覚になっていくことを本当に心配し、憂えていました。警察出身のタカ派のように見えて、非常に平和主義者。防衛費の一％枠突破の時も、最後まで抵抗していました」

進退をかけた掃海艇派遣の中止

昭和六十二年（一九八七）九月にイラン・イラク戦争中のペルシャ湾への掃海艇派遣問題が浮上した。その際も、中曽根康弘総理は前のめりだったが、後藤田がストップをかけた。

イラン・イラクの両国がペルシャ湾に敷設した機雷の掃海問題は、中曽根総理が、ペルシャ湾でのタンカーの安全航行を確保するため、海上保安庁の武装巡視船か海上自衛隊の掃海艇を派遣しようと考えたことに始まる。

アメリカの要請を受けたものである。現地の戦況から巡視船の派遣は無理とわかり、掃海艇を出すかどうかが焦点となった。

中曽根総理から相談を受けるや、後藤田は強く反対した。

「ペルシャ湾はすでに交戦海域じゃありませんか。タンカー護衛と称して、その海域に日本が武装した艦艇を派遣する。戦闘行為が始まった時に、我々のほうは正当防衛だ、自衛権だと言ってみても、相手にすればそれは戦闘行為に日本が入ったと理解しますよ。イランかイラクのどちらかが。他国の交戦海域まで入って行って、そこで俺がやっているのは自衛権だと言ってみてもそれは通りますか。これが一つです。もう一つは、これは戦争になりますよ。国民にその覚悟ができていますか。できてないんじゃありませんか。憲法上はもちろん駄目ですよ。賛成できません。おやめになったらどうですか」

中曽根はなお積極的であった。

「アメリカは期待しているようだ。やはり出したい」

「それでは総理、この問題は日本の武装艦を戦闘海域のペルシャ湾まで出すという重大な決定ですから、当然、閣議にかけますな」

「もちろん閣議にかけなければなりません」

「そうですか。それでは私はサインしませんから」

「それじゃ後藤田さん、オマーン湾までならどうですか」

「なるほど、それはホルムズ海峡の外ですな。だけれどもオマーン湾まで出して、何の効果があるんですか。仮にペルシャ湾の中からSOSの合図があった時に、俺はホルムズ海峡の中には入らないと言えますか。言えないんじゃないですか。言えないとすれば初めから中に入るのと同じことです。それも駄目ですよ」

後藤田は自らの辞表を懸けて、派遣中止を訴え、結局、最終的には中曽根総理も派遣を断念した。

後藤田は、平沢に言った。

「ともかくこれをやると日本はブレーキが利かなくなる。そういうことがきっかけになり、どこに行くかわからない。それが心配だ」

平沢は、後藤田を官房長官をはじめ要職に起用し続けた中曽根総理の判断もすごいものがあると語る。

「中曽根さんの偉いところは、後藤田さんみたいに口煩《くちうるさ》い人を使ったこと。自分に抵抗する人をわざわざ近くに置いたのが興味深い」

なぜ後藤田を起用したのか。そのことがずっと気になっていた平沢は、自らがのち衆議院議員になった時に中曽根に尋ねたことがある。

「後藤田さんみたいな人を、どうして起用したんですか？」

中曽根は、三つの理由を挙げた。

「一つは危機管理ができること。大地震などが起きた時の危機管理が何よりも重要だ。もう一つは、後藤田なら自分にいろいろと言いにくい意見を言ってくれる。それともう一つは、霞ヶ関、官僚たちをうまく使いこなせる。この三つがあるから後藤田を使ったんだ」

普通は、自分に文句を言う人のことを煩いと思うものだが、政治家中曽根康弘の懐の深さを感じさせる話と言えよう。

側近には、茶坊主を置く政治家が多い中で中曽根は違った。だからこそ昭和五十七年十一月二十七日から昭和六十二年十一月六日までの約五年もの長期政権だったと平沢は振り返る。

なお中曽根も俳句を詠み、

「したたかと　いわれて久し　栗をむく」

という句を残している。

三原山噴火に全島民避難指示

平沢によると、ほとんどの政治家は自分の出身官庁の応援団になるが、後藤田は違ったという。

当時、参議院議員だった村上正邦《むらかみまさくに》が、防衛費の増大や、警察官の増員で、後藤田のところにたびたび来たが、その対応はすごく厳しかった。

山田英雄《やまだひでお》警察庁長官も警察官の増員でなんとか後藤田に応援してもらおうと日参したが、後藤田は警察にはとりわけ厳しかった。

「なぜかといえば、後藤田さんには『俺は警察のことは誰よりもよくわかっているから、俺の目を誤魔化すことはできない』という強みがある。たとえば、『少年犯罪が増えたから予算増やせ』と言われると、『ならば減らすところはないのか』と返す。普通の政治家は自分の出身官庁に大盤振る舞いするけれど、それがまったくなかった。それまで守ってきた防衛費一％枠を突破しようとした時も、最後まで守ろうと抵抗していました」

後藤田は、警察の人員を増やすための予算増を訴える議員たちや陳情団が来ると、よく冗談交じりに言っていた。

「絶対言うことをきいちゃ駄目だ。あの連中は明日警察に捕まるようなやつらばかりだ」

まさしく怖いものなしの官房長官だった。

後藤田が怖いものなしなのには理由があった。何よりも自分自身が死に物狂いの努力をしていたからだ。だからこそ、自信を持っていた。

平沢は、当時、職務を終えた後藤田を夕方家まで送っていたが、後藤田は、仕事の関連の書類をたくさん持ち込んでいた。

後藤田は、夕食後、仮眠して、夜十一時ごろ起きて、午前一時にかけて毎日勉強していた。持ち帰った書類に赤ペンでぎっしり書きこんで勉強する。だから平沢は用事がある時はその時間に電話するようにしていた。

マスコミの新人相手にもたびたびスピーチした。そのスピーチもふるっている。

「君たちに言いたいことが三つある。一つはともかく名刺が偉いのであって、自分たちが偉いと思うな。名刺をとったら何も残らないんだから、そこを忘れるな。二つ目はこの分野では誰にも負けないという何か一つの分野の専門家になれ。三つ目は、社会に出ると勉強しなくなるから一日三十分でもいいから、机に向かって本を読め」

この三つをいつも挨拶で言っていた。

しかし、誰よりも勉強していたのが後藤田本人だった。

その自信に裏づけられていたからこそ、中曽根総理相手にも怯《ひる》まず、自らの意見を貫いたのだろう。

中曽根が後藤田を官房長官に起用した理由の一つとして、危機管理能力を挙げたが、実際に後藤田は危地で活躍している。

昭和六十一年（一九八六）十一月十五日の伊豆大島の三原山の大噴火の時である。

この時、後藤田は迅速に全島民避難を決断し、実現。危機管理の成功例となっている。

この時、三原山は、夕方午後四時過ぎに爆発して、溶岩が大島の集落に迫っていた。

後藤田は、会合で官邸から外出していた。

平沢が後藤田に第一報を入れた。

「刻々と連絡を入れますから……」

後藤田は会合を打ち切って、官邸に戻ってきた。

溶岩が海中に突っ込めば、水蒸気爆発が起こる恐れがある。もしそうなれば、一万人余の島民と観光客が吹き飛んでしまう。

後藤田は、佐々淳行内閣安全保障室長に対応を指示した。

「人命にかかる重大緊急事態だ。俺が指揮をとる。責任はすべて俺がとる。今日中になんとかしないといけない」

後藤田はただちに佐々と平沢に関係省庁の局長たちを集めさせて、指示を出した。

「今日中に、大島にいる全員を島の外に移せ」

だが、役人というのは本当にまとまらないことに力を入れるものである。対策本部を作るのか、本部の名前をどうするか、責任者を誰にするかといった話から始まり、まとまらない。

しかし、後藤田は即決即断。

「なんでもいいから思い切ってやれ。とにかく今日中に移せ。責任は俺が全部とる」

そう明言して周りを叱咤《しった》した。

それからわずか二時間で海上自衛隊の護衛艦、海上保安庁の巡視船、東海汽船のフェリーなど四十艘を集めて、大島に向かわせた。

そして翌日午前三時までに全島民を東京竹芝桟橋などに緊急輸送した。なんと一人の犠牲者も出させなかったのである。

三木武夫

久次米健太郎

幸い溶岩は元町の手前で流れを止め、元町も無事だった……。
前述したように後藤田は、初めて国政選挙に出た際に、三木武夫に近い久次米健太郎に負けて落選したうえに自陣営から二百六十八人もの選挙違反の逮捕者を出している。当時、捜査の指揮を全面的にとったのは徳島県警本部長の谷口守正《たにぐちもりまさ》だった。
それから十年以上が経ち、後藤田はその谷口を内閣情報調査室の室長に起用した。
常人の感覚ならば、自分のことを徹底的に追い込んだ人を身近で重要なポストにつけることはない。だが、後藤田はそのあたりは恬淡《てんたん》としているようであった。

国鉄分割民営化の舞台裏

中曽根内閣で取り組んだ大事業といえば、国鉄の民営化だった。

平沢の官房長官秘書官時代に進んだ案件だが、後藤田がいなければできなかったといわれる。

当時、国鉄の累積債務は三十七兆円にまで達していた。利払いだけでも年一兆円を超えていた。

中曽根総理は、その巨額の累積債務を民営化して経営改善したＪＲ各社の負担や国鉄資産の売却、これに日本政府からの税金投入などで処理することを考え、国鉄分割民営化の大きな目的とした。

なお、昭和六十一年（一九八六）四月時点で、国鉄職員は約二十七万七千人であった。

この時、国鉄自体も民営化派と反対派の二つに割れ、特に反対派はさまざまな根回しをして猛烈な抵抗をしていた。

当時、官房長官室には、賛成・反対の両方から意見がきた。後藤田は両方の意見を聞くが、圧倒的に反対が優勢だった。

これまでに張り巡らせたネットワークが違うため、さまざまな国会議員を動かせたのだ。

陳情合戦のようになったが、その陳情合戦でも後藤田は絶対に動じなかった。話は聞くが、最後までぶれなかったという。

当時、民営化反対の理由としては、民営化を推進すると、全国にある地方路線が削減されてしまうというものがあった。

「不便になってもいいんですか」

この言葉は非常に説得力があった。

だが、国鉄時代は、たびたびストライキがあり、四月になると、毎年のようにストライキで、貸し布団屋が儲《もう》かったと言われるほどだった。

しかも、その結果、賃金が上がり、運賃に跳ね返っていった。

「後藤田さんの存在感はそれだけ大きかった。普段政治家のことを馬鹿にしている官僚たちも、後藤田さんの前では違った。後藤田さんだけは誤魔化せない。そこが大きいんです」

中曽根康弘

結局、日本国有鉄道をＪＲ（ジェイアール）として、六つの地域別の「旅客鉄道会社」と一つの「貨物鉄道会社」などに分割し、民営化するもので、これらの会社は昭和六十二年四月一日に発足した。

なお、中曽根総理は、のちに国鉄分割民営化の真の目的は、労働組合の解体に加えて日本社会党をはじめとする左派の弱体化にあったとも述べている。

後藤田は、記者会見でも中曽根嫌いを平気で公言していた。

「何かあるなら、俺はいつでも辞めてやる。辞表書いてもいいんだ」

しばしばそのように口にしていた。

中曽根は、田中角栄に近い後藤田を官房長官に起用する時に、次のように言っていた。

「角さんの両目に手をつっこんで取ってきた」

それだけ後藤田の存在を重く見ていたのであろう。

平沢は、朝から晩まで後藤田について、いろいろな場に同行した。

後藤田は、平沢にいろいろなことを教えてくれた。移動中の車内でも、雑談話の中に「これは面白いな」と思う話題がいくつも飛び出してくる。

が、後藤田の秘書官になったのは人事であったし、平沢は後藤田の傍《そば》にいて政治家は面白そうだなとは思っても自ら「政治家になりたい」との気持ちは出てこなかった。

「スパイ防止法」の推進

スパイ防止法成立に向けて真剣に取り組んだのが中曽根康弘である。

ある日、後藤田正晴の秘書官を務めていた平沢は、吉野総理秘書官とともに中曽根総理から呼び出されて訊かれた。

「スパイ防止法は、どうかね」

平沢はキッパリと答えた。

「絶対に必要です。よろしければ、イギリスの情報機関の専門家がいますので、一度お会いになってみませんか」

日本の総理がスパイ問題に関心を示すことは珍しく、スパイ防止法が成立すればイギリスにとっても大きなメリットがある。

面会の約束の日、秘書官の吉野準、平沢、イギリスの情報機関の専門家の三人は、マスコミに知られないよう極秘の場所で会談を持った。

中曽根総理は本気で法案成立を目指した。が、結局、反対勢力があまりにも強すぎて、前に進むことはできなかった。

スパイ防止法が成立すれば、その法律一つでスパイを重罪に問えるし、国民への注意喚起にもなる。

が、残念ながら、国民の関心は低い。おそらく関心が向く時は、あのゾルゲ事件のように大きな諜報《ちょうほう》事件が起きたあとだろう。

ゾルゲ事件とは、昭和十六年（一九四一）、新聞特派員で駐日ドイツ大使の私設情報顧問ゾルゲ、元満鉄調査部嘱託《しょくたく》の尾崎秀実《おざきほつみ》らが日本の機密をソ連に通報していた容疑で逮捕された事件。

ゾルゲ、尾崎は処刑され、五人が獄死した。

なお、犬養健《いぬかいたける》、西園寺公一《さいおんじきんかず》ら近衛文麿《このえふみまろ》側近も関係の疑いで検挙され、政界に脅威を与えた。

平沢は思った。

〈国益をあまり損なわない範囲で、日本で派手なスパイ事件が起これば初めて日本は動く。国民の注目が集まれば、それが力になって法案成立に向けて一気に動き出すはずだ〉

スパイのやり方は決まっていた。ロシアや中国のスパイが日本に潜入して活動する場合、もっとも効果的かつ効率的だとしておこなうのは、重要な情報を持つ者、あるいは重要な政策決定を下せる権力者を味方につけることである。

その方法は、ハニートラップ、マネートラップ、脅迫などである。

日本が相手国で活動をする時は、法に触れない範囲であらゆる働きかけをする必要がある。北方領土を返還させるには、プーチン大統領クラスの権力者を日本の協力者にして、「北方領土は日本に返すべき」と中で言わせればよい。

拉致《らち》問題を解決しようと思ったら、北朝鮮のトップに「被害者を日本に返さないと駄目だ」と言わせることだ。

ところで、平沢が後藤田の秘書官だった当時、防衛庁にいた佐々淳行が後藤田のもとに来たことがあった。

佐々は、出向先の防衛庁で、大蔵省出身の幹部たちとソリが合わないようであった。

佐々は防衛庁で次官になるかと思ったが、防衛施設庁長官止まりだった。

その時涙を浮かべながら、後藤田のもとに来て言った。

「わたしには家族もあるんです。わたしは防衛庁で、孤軍奮闘しています。なんとか助けてください」

しかし、結局は、大蔵省出身者が次官になる。

ただし後藤田は、佐々を高く評価していたことから、昭和六十一年（一九八六）から初代内閣官房安全保障室長に起用することにした。

藤波孝生

リクルート事件の顚末《てんまつ》

中曽根内閣当時、中曽根派のホープとして誰よりも将来を嘱望されていた藤波孝生だが、のちに昭和六十三年（一九八八）に起きたリクルート事件によって失脚してしまう。

藤波は、平成元年（一九八九）五月二十二日、リクルート事件にからみ、公務員採用時期を民間企業の就職協定の時期に合わせる旨の請

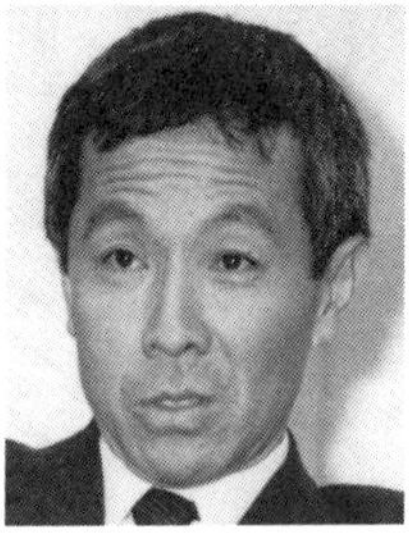
江副浩正

託をリクルート社から受けた受託収賄罪で在宅起訴される。

　藤波の人柄を知り、間近でその仕事ぶりを見てきた平沢はそのことを悔やんでいる。

「リクルート事件で、検察がおかしいと思うのは、江副《えぞえ》浩正《ひろまさ》さんからリクルート関連株をもらった人は、四十人から五十人もいる。藤波さんは未公開株だけで、しかも江副さんからもらった。まさに、その時に家を買ったから、そのお金だろうということでやられてしまった」

　藤波は、結果的にリクルートに影響力を持つ労働大臣経験者だったことも影響した。

「就職活動の解禁も頼まれてやったのではなく、もともとやるつもりだった。しかも、やったこと自体は間違いでもない。ところが、タイミングもあり、お金をもらったからやったんだろうと見られてしまった」

　筆者は藤波が保釈されたあと、政界のフィクサー的存在であり三宝会を事実上主宰する画商で、かつて椎名《しいな》悦三郎《えつさぶろう》官房長官秘書官を務めたこともある福本邦雄《ふくもとくにお》が主催のイタリア料理店での「ご苦労さん会」に参加したことがある。

　その会には三十人ほどが集まり、藤波の復帰を励ました。

しかし、事件後の藤波のもとに集まる人はいなかった。

平沢は、往時の藤波を知るだけに、その移り変わりを見ていて辛かったという。

「あの時ほど、太陽が照っている時はみんなが近づいてきて、嵐になると逃げるように去っていくのか、と思ったことはありません。

秘書官時代には、毎週木曜日に藤波さんが主催する新生クラブの集まりがあって、たくさんの議員が集まっていましたから」

当時、藤波の秘書で現在は立憲民主党の松木《まつき》謙公《けんこう》（本名では「まつきしずひろ」と読む）衆院議員が新生クラブの事務所を担当していた。

木曜日になると五十人を超える国会議員が集まり、朝八時から十時ころまで、侃々諤々《かんかんがくがく》の議論を繰り広げた。

だが、リクルート事件で名前が出ると、蜘蛛《くも》の子を散らすように、多くの議員や支持者たちが藤波のもとから離れていった。

結局、最後まで藤波の面倒を見たのは松木謙公の父親で、株式会社北海道通信社などを経営していた松木慶喜《よしのぶ》だけだったという。

藤波は第一審では無罪となり、自民党に復党するが、第二審では懲役三年・執行猶予四年・追徴金四千二百七十万円の有罪となり、自民党を再度離党した。平成十年十月に上告が棄却され、懲役三年・執行猶予四年の有罪が確定した。

そのため、藤波は、一無所属議員としてその議員人生を終えることになった。

平沢が国会議員になると、議会で藤波と挨拶を交わす機会も増えた。

だが、衆議院の本会議場で、保守系無所属の議員たちが集まる片隅に一人でポツリと座り、誰からも声をかけられない藤波の姿は見ていて胸がつぶれるものがあった。

藤波は、いつも誰よりも早く議場に座り、議会が終わるとサーッと一目散に退席していった。

平沢には、他の議員たちと接する機会を自ら避けているようにも見えた。

藤波孝生一周忌の非情

藤波孝生は、平成十九年（二〇〇七）十月二十八日、肺炎による呼吸不全のため、七十四歳で亡くなった。

平成二十年（二〇〇八）十二月三日、日本プレスセンター十階で百人強の内輪の会として、藤波孝生元官房長官の一周忌が開かれた。警察官僚時代、藤波の秘書官を務めていた平沢勝栄も会に参加した。

司会進行は『毎日新聞』の松田喬和が担当。最初に中曽根康弘元総理が代表して挨拶した。

すると会場の後方が騒がしくなった。「政界の暴れん坊」の異名をとるハマコーこと浜田《はまだ》幸一《こういち》が乱入したのだ。

浜田は、中曽根に向かって大声で叫んだ。

「おまえが殺したんじゃないか」

かつて藤波の秘書を務め、現在立憲民主党に所属する松木謙公は驚いて、声のするほうを見た。

声の主の浜田幸一は引退していたが、かつての迫力を失うことはなく、中曽根にさらに食ってかかった。

浜田幸一

松木謙公

「おまえだろう、藤波を殺したのは。何を偉そうなこと、言ってるんだ」

松木は慌てて、浜田のもとに駆け寄り、会場の外に連れ出さざるをえなかった。

「浜田先生、すみませんがこちらに」

外に引きずり出すと、浜田が松木に言った。

「でも、おまえもそう思わないか」

松木自身、第一の側近である藤波を犠牲にしたリクルート事件に思うところはあった。長年秘書として仕えた松木だけに、藤波の晩年に対する悔しい気持ちは浜田以上だ。

「先生、僕だってそう思います」

「そうだろう。なんで俺を追い出すんだよ。俺の言ってることが、間違ってるか」

松木の胸に藤波のことを思う気持ちが蘇《よみがえ》ってきた。松木は思わず涙を流し、その涙をこらえながら言った。

「僕も間違っていないと思います。でも、浜田先生、今日は藤波の一周忌なんです。これ以上はどうか勘弁してください。お願いします」

そう言うと、浜田は渋々と引き揚げていった。

その場にいた全員が浜田と松木に注目する中、平沢だけは中曽根を見ていた。彼がどんな反応を示すのか知りたかった。

中曽根はスピーチを一瞬中断したが、特に動揺した様子を見せることもなく、まるで何事もなかったかのように話し始めた。声の震えもなく、平時とまったく変わった様子はない。

平沢は感服した。

〈政治家はよく演説中に野次られる。その時の対応はむずかしい。中曽根さんの対応は素晴らしい。藤波さんも中曽根さんも犠牲者だ。検察はもっときちんとした捜査をしてほしかった〉

平沢は、浜田があれほど激高したその気持ちも、わからないではなかった。

〈藤波さんは人柄も素晴らしかった。ただ運がなかった〉

藤波はリクルート事件で、リクルートコスモス社株一万株の売却代金の大部分に当たる五千二百万円を自宅購入代金の手付金などの支払いに充てた、とされている。

検察は、このリクルート事件の捜査が中曽根の責任追及に繫がると確信していた。ところが、中曽根ではなく藤波が引っかかってしまった。しかも藤波は自宅を購入してはいなかった。秘書を務める松木謙公の家の支払いに充てていたのだ。検察は引っ込みがつかなくなり、藤波を逮捕して体裁を整えるしかなかった。

松木によると、藤波が杉並区の家を買ったことがまるでリクルート事件と関係があるかのように言われたが、実態は違ったという。

藤波の娘が結婚することになり、議員宿舎から嫁に出すのはどうだろうか、という話になり、一軒家を買おうという話になった。

だが、資金不足のため、当時、藤波のスポンサーであった駿台学園が購入した家を将来購入する予定で貸してもらうことになったという。

家賃は相場に応じた金額を払い、数年後に実際に購入する。

だが、その当時はバブルによる急激な地価上昇のため、購入額よりも相場が上がってしまい、そのことが不正な取引とみなされたのだった。

実際には、本当に質素な家で、のち松木は借りて住むことになるが、雨漏りに苦しむほどだったという。
平沢は改めて思った。
〈藤波さんは、リクルート事件の犠牲になってしまった。犠牲にしても、ひどすぎる〉

第五章　数々の疑惑事件

パチンコ業界とは対立

昭和六十二年（一九八七）十一月六日、竹下内閣が発足すると、平沢勝栄は警察庁に少年課長、そしてすぐに保安課長として戻ることになる。

ここで平沢は、パチンコのプリペイドカード（ＰＣ）の導入に携わった。

プリペイドカード、ＰＣとはどんなシステムのものか。

第三者であるカード会社がパチンコ店にＰＣを販売し、店側はそれを客に売る。カードはオンラインでカード会社に通じており、カード会社は客の使用度数に応じて、店に売上金を振り込むというものだ。

このシステムだと、パチンコ店の経理が一〇〇％、ガラス張りになる。そのため、脱税などの不正行為はできなくなる。

PCについては平沢が保安課長に就任する一年半前の昭和六十一年四月に、全遊協（全国遊技業協同組合連合会）から警察庁に「パチンコ・カード導入に関する陳情書」がすでに提出されていた。

また昭和六十三年七月には、カード会社を設立して、PC導入を進めようという陳情が大手通信会社のNTTなどからも出ていた。

当初、平沢は、PC導入は歓迎されこそすれ反対は少ないと考えていた。

「PCは、あくまでもパチンコ業界などの陳情を受けて導入するものであり、業界の不正を正し、健全化に寄与するものだ。脱税行為を抑え込むためにも有益な策だ」

しかし、平成元年（一九八九）になって、平沢が業界の代表者にPC導入の意思を表明したところ、すぐに反対の動きが出てきた。北朝鮮系の朝鮮総連が反対の方針を決めたという情報が入ってきたのだ。

内々に伝えられた理由は「我々には参政権などの権利が与えられていない。だから、きちんと税金を払う必要はない」というものだったという。

パチンコ業界には在日朝鮮人が多く、当時、売上げは二十兆円ほどの規模があった。国家予算が四十兆円の時代である。相当な規模であることがわかる。

額が大きいだけではない。パチンコの玉はお客に貸しているだけだ。したがって正確な売上高は誰もわからない。パチンコ業界は摑み銭でおこなわれている。真面目な業者も多いが、脱税にうつつを抜かす業者も少なからずいた。当時、通称〝マルサ〟の税務査察官をテーマにした『マルサの女』という伊丹十三監督の映画が大ヒットしたが、劇中でもパチンコ店が出てきて「今日の売上げは、百万、二百万」とポーンと摑んで、飲みに行くシーンがあった。

平沢は全遊協の代表を呼んで話をしたこともあった。パチンコの組合は全国にあるが、当時の組合長は副組合長の操り人形のようで人が良すぎた。実権自体は、朝鮮総連の関係者が握っていたという。

パチンコ業界は、もともと、北朝鮮籍の人たちが多かった。だが、じょじょに韓国籍に変更したり、日本人も入ってきたが、それでも北朝鮮籍が多いことに変わりはない。なぜかと言えば、やはり自分たちの親族が北朝鮮にいるから国籍の変更ができなかったのだろう。

当時、平沢のもとにはずいぶん彼らから投書があったが、その内容は『好きで北朝鮮に籍を置いているのではなく、家族や親族が北朝鮮に囚われているから。我々を助けてくれるなら、いくらでも協力します』というものであった。

結局、彼らは北朝鮮に協力せざるをえない環境にいて、売上げから一定額を上納金として持っていかれていた。好きでやっているというより、やらざるをえない状況に追い込まれているのだ。

北の家族からの手紙も見たが、「助けてください。このお金がないと私たちは生きていけません」とばかり書いてある。

パチンコ業界では、いくら売上げがあるのか正確な数字はわからない。玉は売るのではなく、貸すという仕組みがなんとも巧妙であった。

結局、平沢が問題にしたのは、朝鮮総連の関係者の商工会が税務当局と密約を結んでいたことだった。たとえば愛知県では朝鮮総連系の店舗に査察や税務調査が入る場合は、必ず朝鮮総連系の商工会に事前に相談しなければならないという約束書を交わしていたのである。

そういった動きが問題視されていた時に、パチンコ業界の一部から話があった。

「NTTや、大手も入ったグループでクリーンにするための仕組みを作ります。見ておいてください」

プリペイドカード導入はそれぞれの店舗の判断に任されていた。反対の理由はまったく無いと言えるが、それでもすさまじい反対運動がおこなわれた。

これは北朝鮮からすると、息の根を止められるようなことだった。案の定、日系や韓国系のパチンコ店からの反対は無かったが、北朝鮮系のパチンコ店からの反対はすさまじいものがあった。同時に、一部のマスコミや反自民の関係者の反対もひどかった。

特に反対運動の旗を振っていたのが、当時、朝鮮総連と親密関係にあった社会党の佐藤《さとう》三吾《さんご》であった。「まむしの三吾」と呼ばれていた佐藤は、国会でも執拗《しつよう》に質問し、反対の論陣を張った。ちなみに当時の社会党は、北朝鮮の金日成《キムイルソン》政権を支える独裁政党・朝鮮労働党と友好関係にあった。その繋がりから当然ながら社会党と朝鮮総連は親密な関係にあった。

平沢が議員会館の佐藤の部屋に行くと、佐藤は、迫ってきた。

「PCはやめろ。業界はみんな困っている。この業界の人たちは戦後、非常に苦労したんだ。それを知っているのか。波風を立てるようなことはするな。とにかくやめろ」

が、平沢は、言い返した。

「いや、そうじゃないですよ。賛成の人もいっぱいいます。それにPCを導入するかどうかは、それぞれの店舗の自由なんです。それにPCは脱税を阻止するためのものです。PCが嫌なら、脱税は絶対にできない代替案を出してほしい」

佐藤はムキになった。

「なんだ、その言い草は。おまえ、生意気だ！」

佐藤はなかなか平沢を放さない。

「この業界をクリーンにしたら大手が進出し、細々と仕事をしてきた人たちが追い出される。PCはやめろ」

しかし、平沢はへこたれなかった。

〈裏で朝鮮総連と繋がっているな。そんな圧力に負けるもんか〉
平沢は逆にそれ以降は、PC導入に向けて組織をあげて取り組んだ。

小沢一郎

小沢一郎からの連絡

平沢らは、戦後相当な時間が経っている中で、今の時代に合わせてクリーンにすることが必要だと訴えた。

「綺麗《きれい》にしてやることが、業界のためにもいいことじゃないですか」

しかし、「世間や社会を知らない」と言われることがほとんどだった。

当時、自民党のホープだった小沢一郎《おざわいちろう》幹事長からたびたび平沢に連絡があったという。

連日のように、小沢から電話がかかってくる。警察庁の一課長が自民党幹事長のもとに行くとは恐れ多かった。

小沢は「いろいろあるけれど、負けないで頑張れ」と声をかけてくれたという。

小沢は、渡部恒三《わたなべこうぞう》とともに、プリペイドカードの賛成論者だった。

小沢とすれば、この機会に社会党の力を弱めようとしていたのであろう。

この時の大きな特徴は、NTTや、三菱商事などの一流企業がプリペイドカードの運営会社に名を連ねたことだった。

ところが、平沢が驚いたのは、経済界のトップたちがパチンコ業界の規模の大きさを知らないということであった。

平沢は、依頼を受けて、経団連会館に赴き、講演をした。

「まず、この業界の規模をみなさん知っておいてください。国の税収は四十兆くらいです。その半分の二十兆円の売上げがある業界なんですよ。だから、この業界をたいしたことないと思うかもしれないけれど、業界の規模としては国の経済を大きく左右するほどのお金が動いています」

とはいうものの、財界人たちはあまりパチンコに関心がないのか、それぞれポカーンとしていた。

一部のマスコミも、この問題をじょじょに取り上げてくれるようになり、最終的には、多くのメディアがプリペイドカードの必要性を報じるようになってきた。

パチンコ疑惑国会

最初は「警察のやることは信用できない」と言っていたメディアも「実態を見てください」と訴えると、最後には変わってきた。

マスコミで徹底的に賛成してくれたのが、『読売新聞』と『産経新聞』。『日経新聞』は中間。

週刊誌は『週刊文春』が特別チームを作って、平成元年（一九八九）八月『社会党パチンコ疑惑』と題した告発記事を連載して業界の問題点を特集し、余計に大騒ぎになっていった。

記事の内容は、北朝鮮系のパチンコ団体から社会党にカネが流れており、そのために社会党議員がＰＣ導入に反対して圧力をかけている、というものだった。

当時は、リクルート事件の余韻がさめやらぬ時期だったことから、再び「政治とカネ」の問題が焦点になり、臨時国会はさしずめ「パチンコ疑惑国会」の様相を呈した。

この疑惑を自民党が追及した。

「朝鮮総連に頼まれた社会党が導入反対に動いた。ゆゆしき問題だ」

社会党は反論した。

「そんな事実はない。いま問題にすべきことはＰＣが国家権力である警察のパチンコ業者に対する過剰介入になるということだ」

平沢は、一部暴力団の資金源になっているパチンコ業界に介入するのは当たり前であり、どんな抵抗があっても改革をやり遂げる、という姿勢を取り続け、野党からの攻撃の矢面《やおもて》に立った。警察だけの論理ではなく、常に市民の側に立った論理を貫くことが必要だと考えたからだった。

ついには、社会党議員が平沢に対して証人喚問を要求する場面もあった。

もちろん、無茶な要求である。喚問はおこなわれなかったが、平沢に対する攻撃、誹謗《ひぼう》、中傷文書が二十回近くばらまかれた。

平沢と懇意にしていた渡部恒三は、その後、平沢に会うたびに言ったものだ。

「当時、社会党はおたかさん（土井たか子）ブームで得意絶頂だった。しかし、君が火を点けたPC問題で社会党は大きなダメージを受けてしまった。その後、社会党の党勢は下火になっていった」

渡部恒三

稲盛和夫

このプリペイドカードは、民間企業が推進したが、技術はNTTに任せた。
平沢は、大きな信用できる会社の技術じゃないと、国民は納得できないだろうと思っていた。
一流企業の応援をもらわないといけないと思い、偽造カードが出ないようなものを考えていた。京セラ創業者の稲盛和夫《いなもりかずお》は、わざわざ警察庁の一課長の平沢のところに会いに来て「ぜひわたしの会社にやらせてください」と申し出てくれた。稲盛は訴えた。
「NTTでは技術に失敗する可能性がありますよ。みなさん方は信用していますが。確かにあそこは大きな会社です。わたしのところは、小さい会社だけれども、いざとなったらいくらでも小回りが利くし、自由自在に動きます。ぜひわたしのところで、やらせてください。そのほうが警察も助かります」

平沢は思った。

〈それはそのとおりだな。でも、京セラは知られていないし、NTTも最大手だから、問題なくやるだろう〉

結局、京セラに任せることはカード会社のほうで断った。

その後、NTTの技術者は、「最高の技術を使いますから、最低でも十年は偽造カードは出ない」と胸を張った。が、わずか二年足らずで変造カードが出てしまった。

持ち込んだのは主として中国人を中心とした外国人だった。

導入から五年後には、偽造カードが、さらに全国的に出回るようになった。業界の規模が大きいこともあって、被害総額は累計で六百三十億円にも達した。どんな技術でも犯罪者とのイタチゴッコだ。この問題から関係者は貴重な教訓を読み取ったと思う。

北朝鮮への闇送金も断ち切る

プリペイドカードの導入により、パチンコの景品交換の業界もクリーンになった。

かつては山口組をはじめとする暴力団の稼ぎどころであったが、現在はうってかわって警察OBを中心とする組織の運営になった。

景品交換も、クリーンにしようという動きになったせいである。それまでは暴力団が入り込む余地があったが、そこを全部なくそうということになり、一掃を図った。だが、業界が泣きついてきた。結局、寡婦や未婚の母などを窓口で雇っていたが、彼女たちの職場がどうなるか、という問題があったのである。

彼女たちはそのままにする代わりに、暴力団は一掃しようという動きになった。

暴力団は、警察がその気になって追放しようとすればできる。警察は新しい店ができると、景品交換所も誰が運営するのかを聞いて、暴力団との繋がりがあれば取り消すようにした。

警察が応援してくれるかどうかが大事になってくる。警察が「何かの時には助ける」と言えば、パチンコ業者も安心するからだ。

今や、パチンコ業界は、警察OBの活躍の場となっている。

「結果的にこんなになるとは思わなかったが、元警察官がたくさん活躍している。警察からすれば、景品の組合に行った人もいれば、パチンコホールの地域の組合に行っている人もいる。それからパチンコメーカーの組合に行っている人もいる。今はパチンコ業界の至るところに入っています。それはなぜかと訊くと、結局、他に行くところがない」

世間から見たら、暴力団と警察が入れ替わったかたちだ。

「ただ、業界人にすると助かりましたと言う人が多い。それは暴力団がいなくなったからだ」

警察は暴対法を成立させたことによって、暴力団は全面敵ということでやっている。

ただパチンコ業界内部にも、完全にクリーン化することに対しては抵抗が根強いという。完全にクリーンにすると、駅前の一等地をたくさん保有しているJRなどの大手資本が入ってくる可能性があるため、既存の業者は圧倒的に不利になるからだ。

この問題は国会でもたびたび取り上げられて、最後は予算委員会でテレビ中継入りの集中審議もおこなわれた。

予算委員会では役所の課長は答弁できないため、平沢本人が国会で説明の場に立つことはなかった。

そのため、答弁役の上司の耳元でささやいたり、メモを渡したりして、答弁がおこなわれた。

平沢の上司の保安部長はこの問題をよく知らなかった。知っているのは、この問題をやれと言って、発破をかけた警察庁長官の金澤昭雄《かなざわあきお》をはじめ、一部の最高幹部だった。

プリペイドカードの導入は、北朝鮮への闇送金《やみそうきん》を劇的に減少させることに成功したという。アメリカ政府からもとても喜ばれた。これによって、今まで朝鮮総連から強制的に集金されていた人たちが応じなくてもよくなったからだ。

「集金に来ても自由に動かせるおカネがないから、と断ることができるようになったと言ってました。暴力団からの妨害はなかったけれど、朝鮮総連からの妨害はすごかったですね」

平沢の住む官舎も要警護対象となり、ＳＰがついた。

「ただではおかんぞ」などと記載された脅迫の手紙や、電話が頻繁にきた。

夜中の二時でも三時でも電話がかかってきて、平沢が電話に出るとすぐに切れる。こうした眠れない日々が続いた。酷い時は一晩中電話があったという。

政治家になってからも平沢は、「敵を作らない政治家にロクな奴はいない」と言ってはばからないが、警察官時代も仕事をすれば必ず敵はできるものだと割り切っていたようだ。

北朝鮮にとってはそれだけ死活問題だったのだろう。

「北からすれば、日本からの送金がストップするのが一番大きい。日本からの送金はパチンコがずば抜けて大きく、その次が焼肉と貸金業。パチンコはホールだけじゃなく、機械メーカーも含めて業界で売上げは二十兆円をはるかに超える。今でも、十六、七兆ほどはありますから」

「ヘア論争」に断

平成三年（一九九一）三月、平沢勝栄は警視庁防犯部長となった。

この年の一月、写真家の篠山紀信《しのやまきしん》が撮影し、女優の樋口可南子《ひぐちかなこ》がモデルとなったヘアヌード写真集『water fruit―不測の事態』が発売されていた。ヘアヌードがまだ解禁されていない時代に、初めて有名女優がヘアを晒《さら》し、書店の一般書コーナーで売られるヌード写真集が登場した。

当時の多くの日本人は、この写真集に大きな衝撃を受けた。それ以前は、ヘア写真を見るには書店の芸術書コーナーでアート系の写真集を買うか、街の書店の成人向け本コーナーや自販機でビニ本を手に入れるほかなかった。防犯部では、樋口可南子を検挙するか否かが話し合われた。この写真集をきっかけに、世間では「ヘア論争」が起こっていた。警察がどう判断を下すかが、時代の一つの分かれ目となる。平沢は言った。

「検挙する必要があるのかどうか。これは我々、警察官が決めるのではなく、一般の社会の人たちに決めてもらうべきだ」

そこで平沢は、マスコミや有識者で構成する懇談会を作り、意見を訊いた。

「べつに、卑猥《ひわい》でもなんでもない」

意見を訊いた者の中には女性も含まれていたが、みんな異口同音に「卑猥でない」と言う。

これまで警察は「ヘアの有無」に徹していた。わかりやすいからである。担当者は毎日、写真集や映画などをチェックし、少しでもヘアが出ていればすぐ検挙していた。平沢は決心した。

〈自分が防犯部長をしているうちに、こんなやり方はやめてしまおう。国民みんなが「問題ない」と言うのなら、それでいいじゃないか〉

こうして摘発は見送られた。『water fruit—不測の事態』と『芸術新潮』の編集責任者は、警視庁から口頭で警告を受けるに留《とど》まった。

その後、芸術的で猥褻《わいせつ》性が薄いヌードに対しては、警視庁は寛容な姿勢で臨むという方針が確かめられた。が、さすがに見過ごせない事案もあった。写真家の荒木経惟《あらきのぶよし》の作品である。

平成四年四月、都内渋谷区のＥｇｇ　Ｇａｌｌｅｒｙで開催された個展「写狂人日記」の内容に問題があるということになった。

平沢は、卑猥か否かの判断は、また国民に委ねようと思っていた。が、荒木の写真は卑猥なだけでなくグロテスクな表現が強く、これは芸術には当たらないという意見が圧倒的に多かった。

結局警視庁の捜索が入ることになり、展示中のスライド原板が押収された。

荒木は言い張っていた。

「これは芸術だ」

荒木と画廊経営者ら五人が書類送検され、猥褻図画《わいせつとが》公然陳列と判断され罰金刑を受けた。

荒木経惟

大手銀行の疑惑とＰＫＯ

防犯部長となり、さまざまな事件を手がけることになる。

その中で解明されなかった事件といえば、ルノワール絵画疑惑事件だ。

創価学会系の東京富士美術館が印象派を代表するルノワールの作品

二点『浴後の女』と『読書をする女』を四十一億円で購入。

当初は二点で二十一億二千五百万円だったが、途中、複数の画商や商社、企業コンサルタントが介在し、値段が吊り上がり、最終的に約十五億円の使途不明金が出たというものだった。

この事件は、平成十七年（二〇〇五年）の小泉純一郎《こいずみじゅんいちろう》の郵政解散で小泉の総理秘書官を辞任して、衆院選に出馬し、比例南関東ブロックで復活当選を果たした小野次郎《おのじろう》が課長として捜査を担当。平沢が上司の防犯部長として指揮した。

使途不明金を一億円ずつ誰かが三菱銀行本店から引き出していた。その人物を特定するために、平沢らは三菱銀行の窓口担当者の事情聴取と、防犯カメラの画像の提供、入手が不可欠と考えた。

ところが、三菱銀行側の協力はまったく得られなかったのである。

捜査陣の中から、「三菱銀行には社会的な責任がある。捜査に非協力の姿勢を取り続けるようなら、三菱銀行にガサ入れ（強制捜査）をすべきだ」との強硬な意見も出た。

しかし、国税庁など関係省庁の反対や、社会的影響が大きいといった理由から強制捜査は実施されないまま、疑惑は闇の中に消えていった。

捜査を指揮していた平沢は言う。

「強制捜査に踏み切っておれば、事態はまったく変わっていただろう」

当時、大手銀行については、絶対に間違ったことはしないと聖域視する空気が支配的だった。

しかし、その後、大手銀行をめぐって、数々の不正事件が発覚していく。平沢としては、大手銀行といえども聖域化せず、ちゃんと調べておけば、大手銀行に対して大きな警鐘になっていたはずだ、と思えてならなかった。もし三菱銀行が協力していれば、政・財界を揺るがすほどの大疑獄事件になっていただろう……。

平成四年（一九九二）八月、平沢は、岡山県警本部長に転任した。

岡山県出向時の平成五年五月四日、岡山県警から国連カンボジア暫定統治機構（ＵＮＴＡＣ）の平和維持活動（ＰＫＯ）要員として派遣されていた高田《たかだ》晴行《はるゆき》が現地で死亡する事件が起きた。ＰＫＯに参加した文民警察官の死亡は初めてのことであった。平沢が岡山県警本部長の時に、全国の警察官合わせて七十五人がカンボジア各地にＰＫＯとして派遣された。オランダ軍に守られながらの活動だったが、高田は、ポルポト派の襲撃に遭い、亡くなってしまったのだ。

その後、高田の殉職の扱いが問題になった。警察庁に身分を移したために、地方公務員ではなく、手当が少ない国家公務員扱いになっていた。

そのため、最終的に長野《ながの》士郎《しろう》岡山県知事が「俺が面倒見るよ」と言って、対応してくれた。

平沢も県警本部長として官邸に待遇改善を訴えた。

時の総理は宮澤《みやざわ》喜一《きいち》で、官房長官は河野《こうの》洋平《ようへい》だった。

宮澤喜一

「国葬をやってください」

秘書官にそう頼んだものの、埒《らち》があかなかった。

結局、葬儀にも河野が参列しただけだったので、岡山では抗議の声があがった。

その後、宮澤も高田の自宅に足を運んだが、その時宮澤の秘書が言った言葉も問題だった。

「今度、選挙区の広島に帰るので、そのついでに岡山に寄らせてもらいます」

平沢は怒った。

〈たとえそう思っていたって、口にして良いことじゃないだろう〉

平沢は、高田の父親と、事件を受けてのコメントを事前に相談して決めたという。

父親のコメントは政府の立場も尊重したものであった。

「自分の息子は、国際貢献のために、危険を承知でボランティアで参加したのだから、息子に悔いはないと思う」

もし、この時高田の父親のコメントが政府の対応を手厳しく批判していたら、その後のＰＫＯにも影響があっただろう。

この時以降、警察官のＰＫＯへの派遣はおこなわれていないままだが、平沢は見直すべきだと訴える。

「世界各国の警察官は、殉職者が出ても派遣を続けている。もちろん殉職者などが出ないように万全を尽くさないといけないが、国際社会とのことも考えていかないといけません」

三代にわたって天皇の海外訪問に随行

平成六年（一九九四）五月、岡山県警本部長を務めていた平沢勝栄のもとに、警察庁から連絡が入った。

「六月に天皇・皇后両陛下が訪米されるので、こちらに戻ってほしい」

十八年前の皇太子・同妃両殿下時代、平沢は皇宮警察の護衛二課長の肩書で、二年間ずっとお二人と行動を共にしていた時期があった。両陛下は、気心が知れている平沢を随員として希望されたらしい。名誉なことであった。

今回の平沢は、警察のトップとして警察庁警備局審議官の肩書きでアメリカへ随行することになった。

平成六年六月十日、天皇・皇后両陛下はアメリカ合衆国の招待により、国際親善のため訪米した。天皇・皇后両陛下となられてから、初めてのご訪問である。

随員は日本の代表者として、一人ひとり天皇陛下により、大統領に紹介される。陛下はクリントン大統領に「随員の平沢です」と紹介された。そこで平沢は、大統領と握手した。

クリントンと握手した時の写真は、のちの選挙時に使用した。写真には真横におられた陛下も写っていたが、その部分はもちろんカットした。皇室利用と言われないためである。

平沢は思った。

〈昭和天皇から、三代にわたる天皇家海外ご訪問に随行したのは、後にも先にも私だけだ。貴重な経験をさせていただいた〉

二代にわたって、という人もほとんどいない。

平沢はのち選挙の時、皇宮警察にいたことを伏せた。話の展開で皇室を選挙に利用したという形になると宮内庁に迷惑をかけてしまう。当選後も一切皇室の話題には触れないまま、選挙戦を勝ち抜いていった。

第六章　衆議院選挙に出馬

後藤田正晴からの打診

岡山県警本部長の職を終えた平沢は、平成六年（一九九四）四月、長官官房審議官として警察庁に戻った。

それから三カ月後、平沢は防衛庁行きの辞令を受けた。防衛庁長官官房審議官のポストであった。この防衛庁への出向が平沢ののちの人生を決めることになる。

「片道切符ですから、警察庁に戻ることはないと思いました。正直言って、もう警察の仕事はできないのかと思うと複雑な気持ちでしたね。ちょうど、その複雑な気持ちでいたところに、後藤田さんから『選挙に出てみないか』という話があったんです」

聞くと、「今度の衆院選に出馬しないか」と言う。青天の霹靂《へきれき》だった。

この年、日本の選挙制度が中選挙区から小選挙区に大きく変わった。候補者調整が進められたが、東京にある二十五の選挙区のうち、葛飾と江戸川区の東京十七区と、調布、府中、狛江、稲城市の東京二十二区でいまだ候補者が決まらないという。

後藤田が勧めた。

「この二つの選挙区が空いているから、君はどっちかに出ないか？」

急にそう言われても、返事のしようがなかった。後藤田が続けた。

「私は高齢だから選挙には出ずに引退する。東京なら私の後援会が応援できるぞ。やらないか」

そう頼まれて、平沢の気持ちが動いた。もし後藤田からの話でなければ、検討すらしなかっただろう。

妻のあや子に相談してみると、予想どおり猛反対された。政治家の妻となれば、自分も外に出て挨拶回りをしたり、選挙に駆り出されたりする。その中で、いろいろなしがらみもできる。あや子としては、騒がしいドタバタの中に入るよりも静かに暮らしたい、という思いが強かったのだろう。

あまりに反対されるので、平沢は困ってしまった。

〈女房が反対するのも無理はない。それに選挙は三分の一の確率で落ちるとデータで出ているしなぁ〉

ずっと当選し続ける政治家などまずいない。確かに楽な仕事ではなかった。

が、ある日、とうとうあや子が折れた。

「どうしても選挙に出たいなら、おやりなさい。その代わり、出るのは東京の『区』のつくところでなきゃ駄目よ」

つまり葛飾区と江戸川区の東京十七区ということになる。平沢としては、三多摩（都内二十三区外の多摩地域を指す呼称）のほうが面白いんじゃないかと思っていたが、ここはおとなしく妻の言うことを聞くことにした。

人脈と信用、ゼロからスタート

東京十七区から出馬することが決まったものの、選挙区との関わりはまったくない。唯一、東大在学時代に亀有セツルメントでボランティアをしていた程度である。

後藤田はまず、東京十六区から出馬する島村宜伸《しまむらよしのぶ》と、比例東京ブロックから出馬する鯨岡《くじらおか》兵輔《ひょうすけ》に話を通してくれた。

中選挙区の時代、島村と鯨岡はともに、葛飾、江戸川、足立区が選挙区の旧東京十区から出馬していた。そこへ平沢が入るのだから、筋を通しておかねばならない。

後藤田は、同行した平沢を紹介した。見知らぬ警察官僚を前にして、島村も鯨岡も困ったよう

島村宜伸

鯨岡兵輔

な表情を浮かべていた。

後藤田は言った。

「心配はまったくいらないよ。平沢のことは私が保証する。絶対に大丈夫だから、ぜひ平沢のことを頼む」

後藤田の口添えがあって、ようやく島村も鯨岡も納得してくれた。

その後の二人の対応は素晴らしかった。

とりあえず、今まで住んでいた世田谷区から葛飾区に移転することから始まった。

住宅は渥美清《あつみきよし》主演の『男はつらいよ』の寅さんでおなじみの柴又の帝釈天近くの月十二万円の小さい一軒家を借りた。それまでは世田谷区に住んでいたが、クリスマスイブの夜、とりあえずの荷物を持って引っ越した。

これが下町気質を刺激した。

「俺たちの地元に住んでくれた。それも質素な家に。平沢という人物は今までの政治家とは違うぞ。そんな候補者を俺たちは待っていたんだ」

引っ越し先に知人は誰もいない。平沢は途方に暮れた。が、約束しただけあって、後藤田は最初から最後まで平沢の応援をしてくれた。頼りになるのは後藤田の人脈と信用である。

後藤田は、今までの支持者に対して「今度から平沢を応援してやってくれ」と挨拶に回ってくれた。

また、後藤田と同じ徳島県出身者で東京在住の知人たちを紹介してくれた。

選挙区の区議会議員たちは、突然降って湧《わ》いた平沢のことを、内心で「どこの馬の骨かもわからない」と見なしていたと思う。

後藤田は、国会議員会館の自分の部屋に区議会議員たちを招待し、「なんとか平沢を頼むよ」と頭を下げた。

こうして後藤田は、葛飾区と江戸川区の区議会議員全員を招いて、平沢を応援するよう説得してくれた。

平沢は、後藤田正晴の謦咳《けいがい》に接していなければ、政治家になっていないという。

「後藤田さんから政治家になってみないか、と勧められたことが大きい。警察庁出身者の中では、もっとも尊敬されている一人ですから、その後藤田さんに推薦されたことは大きかった。ただ問題は勝てるかどうか。選挙区はむずかしいところですから」

平沢が出馬することになった東京十七区は、もともと公明党の牙城《がじょう》で、新進党現職の山口那津男《やまぐちなつお》がいた。

山口那津男

面識のあった公明党代表で東京都議会議員だった藤井富雄《ふじいとみお》から要求された。

「選挙区の変更か、比例区への転出をしてくれ。そうしたら公明党は全力であなたを応援する」

が、平沢は断った。すべてが既に決まっていたからである。

政治家への転身を促した後藤田も、選挙自体は相当厳しく見ていたという。

「一回目は無理かもしれない。でも、二回、三回と戦えばなんとかなるはずだ」

平沢はこのように言われた。

平沢は、官僚と政治家の違いについても考えていた。

「警察でそれなりに大きな仕事をしていると思っても、トータルで見れば、小さな一部でしかない。大きな仕事をしようと思ったら、どうしても政治家としてやったほうが良いという気持ちは持ってました。プリペイドカードの時は社会党の議員に苛《いじ》められましたが、もともと、国会に呼ばれて政治に関心はありましたから」

警察官僚出身の政治家が少ない理由

警察官僚から転身し政治家になった者は少ない。平沢が出馬した時も、衆議院に後藤田正晴、亀井静香《かめいしずか》、参議院に下稲葉耕吉《しもいなばこうきち》や松村龍二《まつむらりゅうじ》がいたくらいで、その後も四、五人程度に留《とど》まっている。

平沢は自分が出馬して初めて、その理由の一端を知らされた。警察組織全体が、政治家を目指す警察官僚を快く思っていないのである。自分の職場にいた人間が政治家となり、警察についてあれこれ批判されるのも嫌だし、万が一その政治家が何か問題を起こしたら厄介だからだ。警察は当然のことだが選挙応援はしない。それどころか、逆に「やめろ、やめろ」と足を引っ張られる。

平沢は、警視庁の教養課長を務めたにもかかわらず、教養課のOB会に招待されなかった。平沢はOB会の関係者に連絡して、理由を尋ねてみた。

「平沢さんが選挙に出るからですよ。挨拶で選挙のことを話されたら困ります」

唯一救いだったのは警察OBで、組織に縛られることなく平沢を応援してくれた。

いっぽう、他の役所の対応はまったく違っていた。もちろん、今はこんなことをする役所はないと思うが、当時は役所によっては、官房長が中心となり役所を挙げて候補者を全面的に支援していた。

追い打ちをかけるように、後藤田が言った。

「警察から選挙に出ることは、『朝日新聞』出身者と同じで損だ。有権者の中に反警察、反朝日が大勢いるからな。交通違反で切符を切られて『この野郎』と思っている人はいても、諸手を挙げて応援してくれる人なんかいない」

が、実際に選挙区に立ってみると、まったく反警察感情は感じられなかった。下町人情で警察官に対しても温かいのだろう。平沢は思った。

〈調布のほうが良いと思っていたが、女房が言ってたとおり、下町にして良かったのかもしれない〉

自民党VS創価学会の激戦地

平成八年（一九九六）四月の後援会結成大会には、後藤田正晴はもちろん梶山静六《かじやませいろく》官房長官、亀井静香党組織広報本部長、大学時代仲間であった白川勝彦総務局長、それに島村宜伸、鯨岡兵輔らが顔を見せ、口々に訴えた。

「十七区は自民党と創価学会が対決する激戦地だ。決してここで負けてはならない」

平沢は町への愛を訴えた。

「私はこの町を、生まれてよかった、住んでよかった、来てよかった、という町に作り変えたい。そのために全身全霊を捧げます」

自民党は、新進党に合流した公明党、創価学会に批判の矛先《ほこさき》を向けた。

「一つの宗教団体による、政治支配を支持しますか？　本当の改革は自民党がやります。OPEN《オープン》。新しい自民党」

そう書き込んだイメージポスターも作ってあちこちに貼った。

平沢の応援に来た島村や白川らは、新進党、創価学会を激しく攻撃した。

「新進党は創価学会の政治部だ。自由と民主主義を守るために新進党と戦わなければならない」

「新進党は、五五年体制の旧悪の象徴である小沢一郎の党派だ。新進党は創価学会の党でしかない」

平沢もボルテージを上げた。

「新進党の多くの議員が、新進党から出たいと告白している。わたしにもそんな声が聞こえてくる。新進党は沈没しかかった船であり、そんな政党に未来はない」

平沢は演説に工夫を凝らした。警察官僚ゆえに固いと思われていたが、警察官の先輩である亀井静香と似ている、と言われたことを逆手にとった。

「あの人とは、顔と品が違います」

そうユーモアを飛ばして、その場の雰囲気を和らげたうえで本題に入るという手法をとった。

これが結構うまくいった。

『男はつらいよ』の選挙区事情

平沢が長年活動している葛飾区の雰囲気はどうか。

「一言でいえば下町ですから。非常に情がある。一度支持した人を裏切らず、その時の空気に流されたりしない。義理人情というか、必ず恩義を忘れない。それが下町の良いところです。選挙区事情もあって、それがわたしにはプラスになっています」

葛飾柴又は映画『男はつらいよ』シリーズの舞台でもある。平沢が初出馬の時はすでに渥美清は亡くなっていたが、記念館があり、観光名所の一つとなっている。映画の大ファンである小渕《おぶち》恵三《けいぞう》は、渥美清ファンクラブの会員第一号だという。

平沢の政治資金パーティーでは、地元の名産の団子やラムネが振る舞われるなど、まさに葛飾区と共に活動し続けていることがうかがえる。

不動産会社を経営し、平沢に家を紹介した徳増欣胤、帝釈天の参道で老舗の団子屋を経営している石川宏太ら五人が平沢を勝手に応援し始めた。勝手連である。その輪はじょじょに広がっていった。

徳増たちは自分たちを「五バカ」と呼びつつも、冷静に計算したという。

「過去のデータを集計してみると、葛飾区には最大で十二万の保守票がある。かつてはそれで都議会議員二人を当選させていた。対する公明党は最大でも十万票だ。保守票十二万票を掘り起こせば勝てる」

ところが、平沢は、意外なところから公明党の攻撃に遭った。

立候補が決まってから、平沢は地域の盆踊りなどに秘書と一緒に行き、ビールやつまみなどをご馳走《ちそう》になり、お土産もいただいた。そのため、会費という形でいくばくかの金を包んで渡していた。

ところが、その会場に『創価新聞』の記者がいて、『創価新聞』に「平沢勝栄が有権者に金銭を渡していた」と記事にした。その記事を『毎日新聞』が転載した。

さらに公明党が、選挙後の本会議で平沢のこの問題について厳しく追及した。

「盆踊りで金品を渡すのは、公職選挙法違反だ！」

答弁に立った自民党の下稲葉耕吉法務大臣は、うまくかわしてくれていた。が、公明党の追及はしつこく続いた。

この時、平沢の警察庁の同期である佐藤英彦警察庁刑事局長などが他の候補は盆踊りに金品を渡していないか調べに動いた。これは初めから調べるべきことで、これまで調べなかったことが不思議である。他の候補者が、同じように盆踊りに金品を渡していないか、調べたのである。

その結果、平沢と選挙区を同じくする新進党（旧公明党系）の候補者も、盆踊りに金品を渡していたことが町会の記録で判明した。天に唾《つば》する行為と言えた。

このことが明らかになると、公明党の追及はパタリと止まった。

選挙の結果、平沢勝栄は、七万三千七百二十六票を獲得し、六万三千七百三十二票の公明党系の山口那津男を一万票差で破り、初当選を果たした。山口は落選してしまった。

当選すると、警察の態度は大きく変わった。当選するまではあまり相手にしなかったのに、現役の代議士にはいろいろ世話になることもあるから、丁重に扱っておこうということらしい。

ところで、この件があるまでは、盆踊りに行くと、飲食の接待を受け、お土産をもらうことから若干の金品を包むことも多かった。しかし、この件があって以降、盆踊りなどで議員は一切金品を出さないことが区議会の申し合わせで決まった。

自自公体制に疑問

平沢は当選後、選挙区である葛飾区と他地区の自治体を仲介した。それ以来、複数の自治体の間で交流が始まった。

また、岐阜県古川町と東京都葛飾区は、防災協定を結ぶなど、姉妹都市のような関係になっている。

議員交流のほか、毎年秋に葛飾区内で開かれている物産展に古川町も参加、古川町の特産品であるリンゴやメロンといった果物、トマト、大根などの高冷地野菜を即売することになった。

平沢は初当選後、後藤田正晴の勧めもあって小渕派（平成研究会）に所属することになった。

派閥選びの時、安倍晋三のことは頭に浮かばなかった。当時の安倍は当選二回の駆け出しであり、平沢はまさか安倍が将来総理大臣に就任するとは夢にも思っていなかった。

私は、平成十一年（一九九九）十月に上梓《じょうし》した『経世会竹下学校』で小渕派一回生であった平沢を取材し、実に溌剌《はつらつ》とした次のような姿を書いている。

《小渕派一回生の平沢勝栄には、小渕派は、派閥自体がこぢんまりと優等生でまとまっているような感じがするという。派内の野性味も薄いという。

「自民党のよい点は、右を向いたり、左を向いたり、いろいろな考えの議員が活発に議論をするところだ。中には、なぜこの人が自民党にいるんだ、という考え方の議員もいる。ただし、自分の考え方と違えば批判することも許される。そういう中で、お互いにぶつかったり、叩かれたりしながら、全体として活気が出てくる。それが、自民党の一つの大きな力になっている。そういう意味で、小渕派には、自民党本来のいいところがもっとあっていいのではないか。

一九九八年の総裁選の際、小渕派を離脱した梶山静六のような野性味のある人が今はいない。団結力を一つの誇りにしているが、派閥としての活力は感じられない。わたしには、派閥に属している面白さ、刺激というものがあまりない。何かを決めるときも、上意下達で上で決まった方針が下におりてくるだけだ」

たとえば、政局の焦点となっている自自公問題も、他派では賛否両論の活発な議論が展開されているが、小渕派は、ほとんど議論することがない。》

平沢は、自自公体制はおかしいと考えている。外に向かっても批判している。が、小渕派では、充分な議論がおこなわれていないという。

小渕派の総会は、週に一度おこなわれている。が、いまだかつて「政府や党の方針は、こう改めたほうがいい」という意見を聞いたことがない。つまり、上が自自公路線を決めたのだから、下の者は従ってくれ、ということである。

平沢は、平成十一年四月の東京都知事選で明石康《あかしやすし》擁立を決めた党執行部に反旗を翻《ひるがえ》した。

「明石さんでは、勝てないのではないか」

平沢は、森喜朗《もりよしろう》幹事長の呼び出しを受けた。

「明石をやれ」

小渕派の幹部にも、注意された。

「執行部の方針に従って、明石をやれ」

平沢は、語気を強めた。

「東京みたいな大都会で、自民党と公明党が組んで、しかも、上から押しつけてきた明石さんは勝てませんよ。わたしは、毎日選挙区（東京十七区）を回っています。空気でわかりますよ」

しかし、聞き入れてもらえなかった。「明石をやれ」の一点張りである。

平沢は思った。

〈小渕派のすごいところは、上で決まった方針について一枚岩でまとまるところだといわれている。異端児の出ないところがいい、と盛んにいわれる。が、果たしてそうであろうか。異端児が出ないということは、それだけ小渕派が自民党の本来のいいところを失っているということではないだろうか。

今はともかくとして、このままの状態で今後の小渕派はどうなってしまうのか〉

ただ一人の反対者

平沢は、自民党が堕落した大きな原因は二つあるという。

一つは、自民党に対抗する強力な野党が存在しないことである。それゆえ、政治に緊張感や刺激がない。

いま一つは、党幹部に楽な選挙で当選してくる者が多すぎることだ。寝ていても当選するような人が幹部に多いので、現場の感覚がわからなくなってしまう。

〈明石さんは極めて立派な人だ。しかし選挙は勝たなければならないが、優秀で立派な人が勝てるというものではない〉

自民党が明石擁立という誤った判断をしたのも、幹部が寝ていても簡単に当選できるからだ。平沢のように毎日地べたを這いずり回るような選挙運動をしている者とは感覚が違う。

小渕派の衆議院議員一回生は、二十一人と他派を圧倒している。しかし、平沢は、不安を抱いている。

「学校にたとえるならば、真面目でコツコツと勉強し、先生のいうことをよく聞く優等生が多い。が、悪くいえば、活気がなく、おとなしく、面白味がない気がする。政治家としての覇気がもっとあっていいのではないか」

他派の若手議員も、そう見ているという。平沢はよく言われる。

「小渕派は数ばかり多いが、一言でいえばたるんだ肉のようなところがある。平沢、おまえはそのグループで、活気のない連中と一緒に行動をしていて政治家として大丈夫か。派閥というのは、お互いに切磋《せっさ》琢磨《たくま》し、いろいろな刺激を与え合わなければならないんじゃないのか」

典型的なのは、平成十年（一九九八）秋の臨時国会の旧国鉄債務処理法案であった。自民党は、若手議員十数人がグループを作って党の方針に反発した。小渕派では、平沢とＪＲ出身の今村雅《いまむらまさ》弘《ひろ》などがグループに名を連ねた。

当然のことながら、平沢は派閥幹部から説得された。

「小渕派は、一枚岩だ。これまで派内から謀反者が出たことがない。勝手な行動をするのはやめてくれ」

しかし、平沢も、今村も従わなかった。他派の若手議員と団結を固めて、「絶対反対」を主張した。

ところが、土壇場にきてグループから落伍者が多く出た。今村たちである。

今村は、幹部の説得に折れたのだ。小渕派の反対者は、平沢ただ一人となった。

いよいよ衆議院本会議で採決されることになった。平沢の席に、小渕派幹部が説得にやって来た。

「今まで小渕派は、結束を乱した形での行動が出たケースがない。反対するのは、やめてくれ」

しかし、平沢の決意は固かった。投票を棄権した。

平沢は思った。

〈俺は、政治家として正しいと思うことを貫く。そのために、派閥を除名されるならしかたがない〉

しかし、平沢は、若干の処分を受けただけで除名処分にはならなかった。

平沢のほかにも、小渕派の今後について不安を抱いている者は多い。ある小渕派の若手議員は言う。

「小渕首相退任後、小渕派は、キングメーカーになれると楽観視することはできない。小渕派は、贅肉《ぜいにく》のついた相撲とりのようになってしまったとの他の派閥からの非難もある。現在まとまっているのは、政権に直結しているからだ。政権から離れれば、求心力などなくなるのではないか。

小渕後継を狙う総裁候補がいなくても、派内をまとめてくれる強力なリーダーが現れなくてはむずかしい」

辣腕《らつわん》野中広務幹事長の嫌がらせ

森喜朗

平成十二年（二〇〇〇）六月、第四十二回衆議院議員総選挙がおこなわれることになった。平沢にとっては、二度目の選挙戦である。当然、初当選した時と同じ東京十七区から出馬するつもりで準備を進めていた。

だが、当時の政治状況が平沢の行動に待ったをかけた。

この当時は、小渕恵三総理が四月に病に倒れたため、急きょ発足した森喜朗総理を首班とする自公保連立政権だった。

その後、現在に至るまで続く長期的な友好関係を築く自民党と公明党だが、当時はまだ連立政権発足から日は浅く、大型国政選挙もこの衆院選が初めてであった。

連立与党として選挙を戦ううえで、問題となったのは与党三党間での候補者調整だ。

特に、自民党と公明党の候補者がバッティングするケースがいくつかあり、平沢が出馬を予定していた東京都十七区はまさにその一つだった。

平沢のほかに、公明党からは、のちに党代表になる山口那津男が出馬の準備を進めていた。山

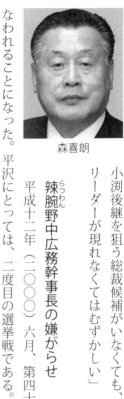

口は、平沢が初当選を飾った平成八年（一九九六）の衆院選にも当時の新進党から出馬し、平沢に一万票ほど及ばす落選していた。

この選挙で、自公保連立政権の候補者調整を主導していたのは、野中広務幹事長だった。小渕内閣で官房長官として自自公連立政権を築いた野中にとってこの時期は権力の絶頂期でもあった。野中は選挙実務を取り仕切る幹事長として、各選挙区の候補者調整に辣腕を振るった。

そこへ平沢と同じ橋本派（平成研究会）に所属する鈴木《すずき》宗男《むねお》が訪ねてきた。

野中広務

鈴木宗男

「十七区は公明党に譲ることになった。だから、君は森田《もりた》健作《けんさく》と一緒に比例東京ブロックから出馬してくれ」
四年前に初当選した時も、公明党代表の藤井《ふじい》富雄《とみお》から「選挙区の変更か比例区への転出を」と要求された。
野中は、首都・東京では、森田健作が現職の東京都四区と、平沢の東京都十七区の二つの選挙区を公明党の候補者に譲り、二人を比例単独で出馬させるかたちで、公明党との選挙協力を進めるつもりであった。
平沢は比例単独での出馬を拒否をした。また、森田も、つまり当事者の二人は自民党、要するに野中広務の方針に反発した。

平沢は言った。

「それは私が決めることではありません。後援会や、地域の方が決めることで、私はそれに従います。地域の方の意向がない限り、比例には回りません」

鈴木宗男を寄越《よこ》したのは、平成研究会の実権を握り、公明党と親密な関係にあった野中広務であった。

鈴木は引き続き「比例に回れ、公明党に譲れ」と訴えてきたが、平沢は首を縦には振らなかった。

野中はそんな平沢を許せなかったのだろう。選挙が近づいても自民党から公認が下りなかった。しかし、平沢は離党せずにあくまで自民党の公認候補として選挙区からの出馬を目指した。

自民党の公認が出たのは、公示日の前日に当たる六月十二日のことだった。

野中広務の嫌がらせはこれで終わらなかった。選挙期間に入り、街頭演説と小学校講堂でおこなった演説会を終えた翌日、平沢のもとへ野中本人からクレームの電話が入った。

「昨日の演説会で、こんなことをしゃべっていたな。君、けしからんぞ！」

演説会に参加してくれた有権者に交じって、講演の音声を録音し、すぐにテープに起こして野中に渡した人物がいたのだ。

野中は、平沢に関する新聞記事までチェックして「こんな発言をして、まったくけしからん」

とさらに文句を言った。

平沢は思った。

〈まるでソ連の秘密警察のKGBみたいだな〉

選挙妨害をはねのけて二度目の当選

葛飾区は読売ジャイアンツの熱心なファンが多く、新聞も読売の購読者が多い。

かつて平沢が、自民党の公認をもらえるかどうかで野中幹事長と対決していた時、そのことを『読売新聞』が大きく報じてくれたことがあった。人情の厚い下町の人たちは、その記事を読んで、さらに判官びいきになって、平沢のことを熱心に応援してくれたという。

「圧倒的に読売が強い地域で、デカデカとわたしが苛められている記事が読売に載ったから、それを目にした時に『絶対に勝てる』と確信しました」

選挙戦が始まると、平沢はさらに多くの圧力を受けた。

前回の選挙ではつきっきりで応援してくれた後藤田正晴すら平沢の応援に行けなかったのである。後藤田は兄の孫にあたる後藤田正純《まさずみ》の選挙に影響が出ないようにするため、おとなしくせざるをえなかった。

選挙中に応援に来た自民党の議員は、元東京大学学長の有馬《ありま》朗人《あきと》、東京都選挙区で活動する小《お》

有馬朗人

野《の》清子《きよこ》と保坂《ほさか》三蔵《さんぞう》の参議院議員三人だけだった。ほかには誰も応援に来てくれなかった。公明党に配慮した野中から、平沢のところに応援に行かないように連絡がいったからである。

だが平沢は、逆境にありながら、選挙戦での勝利を確信していた。なぜかといえば、自民党執行部からイジメとも言える仕打ちを受けている平沢に対して、判官びいきで応援してくれる有権者の熱を感じたからだ。

平沢は街頭で自らの逆境を訴えた。

「誰も応援には来てくれないけれど、だからこそ、わたしは、この選挙に勝たなければいけません」

聴衆からは拍手で迎えられ、選挙スタッフも自然と勢いづいた。

平沢に対する組織的な誹謗《ひぼう》、中傷もエスカレートした。

ポスターが焼かれる。

ポスターの目の部分がくりぬかれる。

「国会議員をリコールする会」と名乗る幽霊団体が中傷ビラをばらまく。

深夜に無言電話をかけてくる。なんでもありだった。

中傷ビラは深夜一、二時間のうちに十万戸以上に配布するというものだった。それだけの動員力、組織力のある団体が背後についているということを意味した。

六月十三日、中傷ビラを配布していた男性十人を平沢の陣営の運動員が見つけ、警察署に突き出した。身元を引き受けに来た人物は相手候補の関係者だった。

六月二十一日、平沢の胸倉を摑んできた中年女性は調査の結果、相手候補の支援組織の一員とわかった。胸ぐらを摑まれた時、当時二十八歳であった平沢の長男の知之が、体を張って阻止してくれたので、ことなきを得た。

選挙戦でのふれあい

嫌がらせは枚挙にいとまがなかった。

相手候補を応援する組織の新聞はコラムで、「葛飾の友よ、悪魔との戦い、断固戦え、勝て。勝つことが正義だ」と平沢を悪魔呼ばわりするほどだった。

結局、この衆院選の選挙結果は、自民党は第一党は守ったものの公示前から三十八議席減となる二百三十三議席に留《とど》まる惨敗。

いっぽう平沢は、前回より、二万二千票も増やし、九万五千六百六票を獲得。

いっぽう、公明党公認で出馬した山口那津男は七万四千六百三十三票で平沢の前に再び敗れた。

平沢は、この結果について語った。

「自民党執行部から苛められたことが逆にプラスになった。地元民は『執行部はおかしい』と思ってくれたわけだ。本人たちの意図とは別に、野中広務と鈴木宗男に助けられたということだ」

平沢は、選挙後の代議士会で野中と隣り合わせた際に、言ってのけた。

「今回の選挙で自民党の幹部は誰一人私の応援には来てくれませんでした。おかげさまで勝たせてもらいました」

皮肉ではなかった。もし東京十七区に野中や鈴木が来ていたら、逆に得票数は減っていただろうと思っただけのことだった。

第七章　当選の極意

加藤紘一の政治家志願者の三条件

前述したように、藤波孝生が中曽根康弘政権で官房長官を務めていたころ、昭和六十年（一九八五）四月から秘書官を務めたのが平沢勝栄だった。

当時、藤波の秘書で、現在、立憲民主党に所属する衆議院議員の松木謙公は、そのころから平沢と親交がある。

「わたしは平沢さんのことを人間的に好きでした。東大出のエリートなのに、人情味があるんです。だから下町を必死に回って、公明党相手に勝った時も、『さすが平沢さんだな』と思いました。エリートぶらずに庶民的な動きができるのが平沢勝栄の本当の魅力なんです」

ちなみに、平沢の前に二度落選した山口は、選挙翌年の平成十三年（二〇〇一）の参院選に東

加藤紘一

京都選挙区から出馬し、当選。

その後、平成二十一年（二〇〇九）九月には公明党代表に就任して現在に至っている。

いっぽう、平沢は、以降も連続当選を重ねて選挙区を盤石なものにしていく。多くの自民党の候補者たちが落選した平成二十一年八月の衆院選でも、平沢は選挙区で勝利を収める。結局、平沢は一度も公明党からの推薦を受けずに今に至っている。

山口那津男を下し、無事二選を果たした平沢は、野中が牛耳る橋本派にはとても居られないと、派閥を抜けることにした。

加藤紘一《かとうこういち》は、口癖《くちぐせ》のように何度も言った。

「政治家を志す者に言いたいことが三つある。一つ目は、三十五歳までに出馬する決意を固めろ。二つ目は、数年間は徹底して地域を回ること。三つ目は、地元の二流三流の高校や大学を卒業すること」

平沢は初めて加藤の言葉を聞いた時に、首をひねった。

〈地元の二流三流の学校？　どういうことだ〉

答えは簡単だった。開成高校など進学校に入学し、一流大学を卒業した政治家はすでに腐るほどいる。いっぽう二流三流の高校を卒業した政治家はごく稀《まれ》だ。だから同窓生たちは一人の政治家に集中し、「我らの先輩、我らの代議士」と全力で応援してくれる。加えて一流校出身者は同窓生を応援するという温かい心の持ち主が少ないというわけだ。

加藤紘一も東大法学部出身で、高校も進学校で有名な東京都立日比谷高等学校を卒業している。が、選挙区の都合で山形から出馬することになった加藤は、ここで地元出身候補者の強さをしみじみ感じたのだろう。地元では、小さな商店街であれ、一人ひとりが真剣に応援してくれれば、非常に大きな力になる。

政治家になったばかりの平沢は、地元の有権者たちと交流できる場所を探しあぐねた。東大卒の国会議員は山ほどいたが、平沢の知る限り、国会どころか職域にも地域にも東大ＯＢ会など存在しなかった。

平沢は思った。

〈確かに加藤先生の言うとおりだ。東大ってのは、もしかしたら人脈形成にもっとも役に立たない大学なんじゃないか?〉

強いてプラス面を探すとしたら、有権者に「東大卒だからそんなに馬鹿ではないだろう」と思われる程度だ。そんなことで真剣に応援してくれる有権者など、いるはずもなかった。

苦肉の策として平沢が目を付けたのが、他の大学のＯＢ会だった。

たとえば慶応大学や早稲田大学などはＯＢ会が盛んで、繋がりも非常に強い。就職活動だけでなく、社会人になってからもお互いに協力し合い、助け合う精神がある。現在、もっとも知られているのは、森喜朗が会長を務める早稲田大学の校友国会議員による「国会稲門会」である。

平沢は、知り合いのいる地元の大学ＯＢ会に連絡し、相談した。

「私はそちらの大学の卒業生ではないが、特別ゲストとして参加させてもらえないだろうか」

参加できれば、ＯＢ会は自分の選挙区における異文化交流会のような存在になる。もちろん卒業生でないから断られる場合もあったが、明治、専修、慶応など熱烈に歓迎してくれるＯＢ会もあった。

結果は大成功だった。平沢は、普段会えないような、まったく異なる領域にいる人々と接点を持てるようになった。

それだけでなく、何度も顔を合わせるうちに力強い支援ももらえるようになった。平沢は思った。

〈自分とは何の関係もない場所で名刺をばらまいても、相手は本気で応援などしてくれない。何かしらの接点を持ち、そこから親しくなっていくのが一番だ〉

さらに平沢は、葛飾区では福島県出身者が集う東京福島県人会の活動が盛んだと聞きつけた。

中学、高校と福島県で育った平沢は、さっそく県人会会長を務める佐藤安太《さとうやすた》に連絡をしてみた。佐藤は「リカちゃん」や「人生ゲーム」などを大ヒットさせた玩具メーカー、タカラ（現＝タカラトミー）の創業者で、福島県いわき市出身だった。

平沢が挨拶に行くと、佐藤が言った。

「平沢さんも県人会に入りなさい」

それからというもの、佐藤安太は平沢のことを熱心に応援してくれるようになった。やはり同じ地元出身という繋がりは強い。

選挙は縦糸、横糸、斜め糸、あらゆる方面から幾重にも通してしっかりとした地盤を形成しなければ、決して勝利できない。平沢は、そのことをつくづく思い知った。

佐藤安太

平成八年（一九九六）の最初の選挙の時、友人の一人が言った。

「普通のポスターじゃ全然代わり映えしないから、アラーキーに撮ってもらえよ」

アラーキーこと荒木経惟は、かつて河野一郎など政治家のポスターを撮って評判になったことがあった。そこで平沢も、ポスター写真を撮影してもらおうと荒木に会いに行った。

平沢がかつて警視庁防犯部長だった時代、荒木の作品を猥褻図画公然陳列で書類送検したことがあった。

その後、偶然会った時に、「あのころはどうも」などと言って握手したこともある。

平沢は言った。

「今回、私が頭を下げる番だ」

撮影の日、荒木はシャッターを切りながら、平沢のことを褒めまくった。

「ああ、今の表情いいね。カッコいいよ」

平沢は写真を撮られながら、荒木の口のうまさに驚いていた。

〈そうか。アラーキーは女の子の脱がせ方がうまいんじゃない。口がうまいんだ〉

荒木の口のうまさに乗って、女の子が魔法にかかったように脱いでしまうのだろう。

荒木経惟が撮った平沢のポスターができあがった。やはり一般的なポスターとはひと味もふた味も違って見える。

平沢はさっそく地元の掲示板にポスターを貼ってもらった。

ところが意外にも、有権者の評判は最悪だった。普通、撮影時は綺麗《きれい》に髭《ひげ》を剃り、メークもする。ところが荒木は何も言わず、むしろ「自然なままがいい」と言って、夕刻になって生え始めた髭もそのままに、ノーメークのまま撮影した。

左から福田康夫、平沢勝栄、小泉純一郎、安倍晋三

確かにこのポスターは、芸術の視点で見れば良かった。が、選挙ポスターとしては失格だった。あまりに評判が悪かったため、結局、荒木の写真ポスターはボツにせざるをえなかった。

小泉総理誕生のキーマンとして

平成十三年（二〇〇一）四月から五年半もの長期政権を築いた小泉純一郎だが、実は、平沢勝栄は、田中眞紀子《たなかまきこ》らとともに、小泉総理の誕生に深く関わったキーマンの一人だ。

平成十三年三月十日、森喜朗総理は官邸に、古賀誠《こがまこと》幹事長、村岡兼造《むらおかかねぞう》総務会長、亀井静香政調会長、竹山裕《たけやまゆたか》参議院議員会長、青木幹雄《あおきみきお》幹事長の自民党五役を招集した。

この席で森は「今年秋の総裁選を繰り上げ実施する」と述べ、事実上の退陣表明をおこなった。

ポスト森を争う総裁選には、最終的に橋本龍太郎《はしもとりゅうたろう》元総

伊藤公介

理、亀井静香前政調会長、麻生《あそう》太郎《たろう》、そして三度目の挑戦となる小泉が出馬し、橋本有利の下馬評を覆して、小泉が圧倒的な勝利を収めた。だが、この総裁選への出馬自体、小泉本人は当初ためらっていたという。

その小泉の背中を後押しし、出馬を口説いたのが、平沢と、小泉と同じく森派に所属する伊《い》藤《とう》公介《こうすけ》、そして、当時、鋭い舌鋒で有権者から大人気だった田中眞紀子の三人だった。

平沢が語る。

「あの時に小泉さんに『総裁選に出てくれ』と訴えたのは、最初は伊藤公介とわたしの二人。そのあと伊藤さんが田中眞紀子を連れてきたんです」

東京都二十三区選出の伊藤は、小泉純一郎でなければ自民党を変えることはできないという危機感を持っていた。

平沢は伊藤から頼まれた。

「小泉さんでないと次の選挙に勝てないし、小泉さんならいい勝負をする。なんとか一緒に総裁選に出てくれるように説得しよう」

平沢は伊藤自身とは親しかった。が、小泉本人とはそれほど面識がなかった。

その時、伊藤が閃《ひらめ》くように言った。

「応援団に田中眞紀子をつければ勝てるんじゃないか」

伊藤が田中眞紀子を誘って、三人は議員会館の小泉の部屋を訪れた。

田中眞紀子は、小泉にまず二つの条件をつけた。

「派閥を出てください」

「郵政三事業の民営化ばかりを主張するのではなく、国家論も論じてください」

それから、いよいよ決断を迫った。

「どうして出ないんですか。あなた出なきゃ駄目よ。時代があなたを求めているのよ。こんなチャンスなんて滅多にあるもんじゃないわよ。出馬すれば推します。決して負け戦にはなりません。結束して小泉総理を目指しましょう」

平沢も熱っぽく口説いた。

田中眞紀子

「田中さんの人気も足せば、総裁選で浮力になる。地方票を増やせば、勝ち目はあります。ぜひやりましょう。日本が、変わるかもしれません」
しかし、小泉はつれなかった。
考え込みながら言った。

「もう、僕は出る気がない。総裁選にはすでに二回出たけれど、どちらもビリケツで負けたんだよ」

小泉は、平成七年（一九九五）と平成十年に二度総裁選に出馬し、いずれも惨敗していた。特に二度目の総裁選では、自らが所属する派閥の議員数にも及ばない八十四票となり、最下位だった。

しかし、平沢たちも簡単には諦めなかった。田中眞紀子が得意の長広舌《ちょうこうぜつ》をふるって、迫った。

「あんた、男でしょう。男のくせに立たなくて、どうするのよ」

それでも、その場で小泉をウンと言わせることはできなかった。

その後、地方に出張に行っている小泉を羽田空港で捕まえて、説得しようという流れになった。

その間、小泉から田中眞紀子に電話があった。ついに決断したという。

「出ることにしたよ」

三人は思わぬ吉報に色めき立った。

空港では、田中眞紀子は自宅にある古い掛け時計を小泉にプレゼントした。

「これは古い時計だけれど、前にしか進みません」

田中眞紀子の名演説

結局、出馬することになった小泉だが、当初はそれほど小泉ブームは起きていなかった。

どこに行っても注目されるのは、小泉ではなく、応援演説に立つ田中眞紀子だったという。

田中眞紀子は、平成十二年五月十四日に死去した小渕恵三について、平成十三年四月十四日の応援演説で吠えまくった。

「小渕の恵ちゃんなんか『僕は一年間で借金百兆円作った。日本一の借金王だ。ガハハ』なんてカブ上げて喜んで頭がパチッと切れて、オブチさんがオダブツさんになっちゃったんですからね。これも自業自得なんですよ」

最初は演説のトリは候補者である小泉が務めた。しかし、その前に演説をする田中眞紀子目当ての聴衆が多く、小泉が演説をする時には帰ってしまう人も多くいた。

聴衆を巻き込む眞紀子のスピーチ力は圧倒的で、大衆を熱狂させた。そのため、スピーチの順番を工夫するようにしたという。

「イレギュラーになるけれど、挨拶の順番は先に小泉さんにした。一番最後に眞紀子をとっておけば、眞紀子目当てだから聴衆は残るわけです。眞紀子さんのスピーチは天下一品。悪口も入っていて言い過ぎのところもあるが、とにかく面白い。笑いと悪口が適度に織り交ぜられて、まさに天才的。一言で言うと、小泉は眞紀子が応援しなかったら絶対、総理・総裁になっていない。その時は小泉の人気はまだまだでしたからね」

平沢は、総裁選の終盤ごろから勝利を確信した。

「考えられないくらい人が集まってましたから。盛り上がり方が違う。集まった人がファナティックになるほどでしたよ」

小泉自身も半信半疑だったという。

最初のころは、小泉も、

「わたしは三回目です。今まではビリッケツでしたが、今回もビリッケツかもしれない」

と及び腰の演説だったが、後半戦になってくると、自信をつけたのか絶叫していた。

「自民党をぶっ壊す！」

「私の政策を批判するものは、すべて抵抗勢力です」

小泉旋風が巻き起こったのである。

平沢が振り返って語る。

「まさか小泉が総理になるとは思わなかったけれど、一番思っていなかったのは小泉本人だと思います。そこが面白いんです。自分が総理になると思わなかった人が結局、田中眞紀子の応援で総理になるんですから。小泉が最初から人気があったと思う人が多いけれど、眞紀子がいなければ絶対に総理総裁になれなかった。ですから、わたしは演説で『これは間違いなく田中眞紀子が作った内閣。小泉の人気があってできたんじゃない。その証拠に一回目と二回目ビリケツで負けてて、今回はその時と比べて顔も服も何も変わっていませんから、田中人気ですよ』って語りました」

なお、平沢も応援演説で平沢節をうなった。

「四人の総裁候補のうち、誰がいいか。見分け方は簡単です。公明党がもっとも嫌がっている人が一番、自民党総裁に望ましい人だ。それは小泉さんだ。野中広務さんは自民党の背広を着ているが、中身は公明党。あの人の推す人は駄目だ」

平成十三年四月二十四日の自民党総裁選で小泉は議員票百七十五、党員算定票百二十三の合計二百九十八票で圧勝した。

二位の橋本龍太郎は議員票百四十、党員票十五、合計百五十五票だった。

第八章　安倍晋三からの電話

田中眞紀子外務大臣の解任

総裁選に勝利し、小泉内閣が発足すると、田中眞紀子は外務大臣に起用された。

論功行賞の一番手だから小泉は眞紀子の要請を断ることができなかったのだろう。平沢によると、外務大臣が眞紀子の希望のポストだったようだ。

「眞紀子は外務大臣に思い入れがあったみたいですね。小泉さんは絶対に断れなかったと思いますよ。わたしには、田中眞紀子内閣に小泉が雇われたような印象さえ受けました」

しかし、田中眞紀子は女性初の外務大臣になってからは、トラブル続きであった。

「スピーチはうまい。だけど、あまりにも我儘《わがまま》で自己中なんです」

田中眞紀子は、応援演説のドタキャンが多く、たびたびトラブルが報じられた。

参院選の応援でぜひにと請われて群馬県に行った時には、新人候補者のことを「この人、誰よ、知らないわ」と言い、問題になるほどだった。

さらに、外務省や外務官僚、秘書官らとのトラブルもたびたび報じられ、閣僚としての資質も問われ始めていた。

アメリカのパウエル国務長官との電話で、アーミテージ副長官が日本に来られることを楽しみにしていると語った。

しかし、平成十三年（二〇〇一）四月にアーミテージ副長官が日本に来て小泉総理に会うための日程を決めようとした時、彼女は直前に会談をキャンセルした。

田中外務大臣の政務秘書官が彼女のあまりの我儘さに我慢できなくなり、次々といなくなってしまった。平沢が眞紀子に頼まれて警察庁の元警察署長を紹介したこともある。

だが、この元警察署長も眞紀子の我儘ぶりに悲鳴をあげて、三カ月で逃げ出した。

結局、平成十四年一月三十日、トラブル続きの田中眞紀子外務大臣を小泉は解任する。

二人の蜜月期間は一年にも満たないほど短かった。

そのせいで、小泉政権の高かった支持率が下がり、なんと下げ幅が三〇・七％にも及んだ。

その後、眞紀子は、平成十四年八月九日、自身の公設秘書給与流用疑惑の責任を取る形で、議員辞職。自民党を離党することになった。平沢との関係も自然と途絶えていったという。

平沢は小泉内閣が発足すると、防衛庁長官政務官に起用された。総裁選では推薦人の一人に名を連ねていたため、マスコミからは閣僚入りかと騒がれたが、結局、入閣はなかった。

その後、小泉との縁が深まることはなかった。

二年後の平成十五年九月の総裁選では、平沢は地元の少林寺拳法関係者からの要請もあり、小泉ではなく、少林寺拳法振興議員連盟会長の高村正彦《こうむらまさひこ》の支援に回った。

小泉は、三百九十九票で圧倒的勝利を収めた。高村は、亀井静香、藤井孝男に続く最下位で、五十四票しか取れなかった。

北朝鮮の拉致問題に深く関与

野中広務らとの軋轢《あつれき》もあり、平成研究会を離脱した平沢は、無派閥で過ごしていた。

だが、平成十六年（二〇〇四）、山崎拓《やまざきたく》が率いる近未来政治研究会に入会した。

山崎拓

きっかけは、山崎が熱心に誘ってくれたことだった。

山崎は中曽根内閣で官房副長官を務めていたため、官房長官秘書官だった平沢と親交があった。そのことも大きかった。

山崎は、平沢が以前から取り組んでいた拉致《らち》問題にも熱心だった。

北朝鮮との間にもパイプがあり、北朝鮮がもっとも信頼している日本の政治家の一人であった。
山崎と平沢は拉致被害者家族の帰還についても一役買っている。

海上保安庁の昭和三十八年（一九六三）から平成十三年までの白書を読むと、累計で二十回ほど不審船を追ったという記述がある。日本の領海内にいる間は追跡し、北朝鮮の領海内に戻ったところで引き返す。実力行使はできないので、それ以上は何もできないのである。

初めて銃撃戦となったのは、平成十三年十二月二十二日に東シナ海で発生した、北朝鮮の工作船と、日本の海上保安庁の巡視船が交戦した九州南西海域工作船事件である。

二十二日深夜に、巡視船が逃げ回る不審船に強行接舷を試みたところ、乗員が巡視船に対して突如として小火器や携行式ロケット砲による攻撃を開始した。これを受けて巡視船側も正当防衛射撃で応射し、激しい銃撃戦が繰り広げられた。

その後、不審船は突如爆発を起こし沈没した。この銃撃戦で日本側は海上保安官三人が銃弾を受けて軽傷を負い、不審船側は推定十五名の乗組員全員が死亡したものとされている。

平成十四年九月十七日、平壌《ピョンヤン》の百花園《ペッカウォン》招待所で、小泉純一郎総理と北朝鮮の金正日《キムジョンイル》国防委員長が会談をおこなった。

小泉は会見冒頭で述べた。

「私からは、金正日国防委員長に対し、特に二つのことを強調しました。第一に日本は正常化交渉に真剣に取り組む用意があると。しかし、正常化を進めるためには拉致問題を初め安全保障上の問題など、諸懸案に北朝鮮側が誠意を持って取り組むことが必要であると。第二に、北東アジア地域の平和と安定のために、米国および韓国をはじめとする国際社会との間で、対話をさらに促進すべきであると。特に、拉致問題や安全保障上の問題については先方の決断を強く促しました」

両者は「日朝《にっちょう》平壌《へいじょう》宣言《せんげん》」に署名し、国交正常化交渉を十月に再開することで合意した。

金正日は、小泉首相に対し、以下のように特殊機関の一部が日本人を拉致した事実を認め、謝罪した。

金正日

「一九七〇～八〇年代に特殊部署が妄動主義、英雄主義に駆られ、工作員の日本語教育と、日本人に成りすまして韓国へ侵入するために日本人を拉致したが、このような誤った指示をした幹部を処罰した……。工作船は、軍部が訓練下におこなった。私は知らなかった……。再びないようにする」

日本側の安否確認に対しては、北朝鮮側は地村保志、浜本富貴恵、蓮池薫、奥土祐木子の四人の生存を明らかにし、横田めぐみ、田口八重子、市川修一、増元るみ子、原敕晁、松木薫、石岡亨、有本恵子の八人を「死亡」と発表した。

さらに、日本側も把握していなかった曽我ひとみの拉致・生存と、横田めぐみの娘の生存も明らかにした。久米裕、曽我ミヨシについては入国自体を確認できないとした。

結局、北朝鮮側が生存を認めた四人と、日本側も把握していなかった曽我ひとみさんの五人が十月十五日、帰国し、家族との再会を果たした。

北京の北朝鮮の高官の非公式会談

平沢は、平成十五年（二〇〇三）十二月に、北京で北朝鮮の高官と非公式に会談した。このころたびたび北朝鮮側から仲介人を通じて平沢のもとに「話し合いたい」という打診があった。

しかも、誘いは平壌で会いたいというものだった。平壌ではどんな工作がおこなわれるかわからない。一人で会っては絶対駄目だ。そこで、平沢は北京《ペキン》で会うことにした。

会談に際して北朝鮮側のメッセージを伝えてきたのは、国際ジャーナリストの若宮清《わかみやきよし》だった。

「北朝鮮からは日朝国交正常化担当の鄭泰和《チョンテファ》大使と宋日昊《ソンイルホ》外務省副局長だ」

宋日昊は、平成二年（一九九〇）九月の金丸信《かねまるしん》の訪朝のころから、日朝間の交渉にたびたび関わる重要なキーマンだった。

平沢は宋日昊と話ができるならば、実利的なものになる可能性はあると思った。

会場となったのは、北京日航ホテルにある京倫飯店。会談は、十二月二十日、二十一日の二日間にかけておこなわれた。

会談一日目、予定どおり鄭と宋日昊ら五人が北朝鮮側は出席した。

宋日昊はいかにもやり手な印象だったが、鄭のほうが位置づけは上位で、でっぷりと太っているのが印象的だった。北朝鮮で太っているのは一部の特権階級の人物だけだからだ。

北朝鮮側は主張した。

「日本の外務省は、嘘をついたので信用できない。したがって、まずは議員との間で詰めて政府間交渉は最後にしたい」

「五人の帰国した被害者の家族八人については、帰す用意がある」

「安否不明の方々については日本側に提供した情報に誤りがあった。これについては、きちんとした再調査をする用意もあるし、日本側が調査に加わってもよい」

宋日昊

北朝鮮側もなんとか解決したいと方策を探っていた。
北京会談の成果の一つは、本音で思っていることを双方がガンガンと言い合ったことである。
そして、一日も早く政府間の話し合いの場で拉致問題の解決を図る意思が北朝鮮側にあるということを確認できたことが、最大の収穫だった。

平沢は、これを叩き台に政府間協議が進んでいけば、必ず拉致問題は進展するだろうと確信していた。

だが、日本に帰国すると「二元外交ではないか！」といったすさまじい批判を浴びた。

「家族会」も、「論評に値しない」という厳しいコメントを出すほどだった。

家族の気持ちもわかるが平沢は政治家だ。目的は同じでも、その過程で考え方が異なることもある。批判を恐れていては、政治家は何もできない。

もともと批判は覚悟のうえで起こした行動である。あとは結果しだいだと思っていた。

ところが、外務省は平沢らの行動が面白くなかったのか、無視し、会談の内容を聞きに来ようとすらしなかった。

平沢も、さすがに頭にきた。しかし、結果を出さなければならない。

「このあとは、どうぞ外務省がやってください」

北京会談から二カ月の平成十六年二月、外務省の田中均《たなかひとし》審議官、藪中三十二《やぶなかみとじ》アジア大洋州局長が平壌で日朝高官協議をおこなった。安否不明者十人の徹底調査を求めたところ、北朝鮮側は「その問題については資料も提出している。解決済みだ」という返答をした。

北京会談よりも、後退してしまった。

再び膠着《こうちゃく》状態に陥ってしまったのである。

この間、北朝鮮側から何度か平沢のところにこれまた人を介して「会いたい」というメッセージが届いていた。

しかし、平沢は「このあとは、あくまでも政府間でやるべきだ」と断り続けた。

だが、平沢は、北京会談よりも話が後退し、再び膠着状態に陥っているのをみて、なんとかしなければ……という思いが募った。

結果を出すためには、誰かがリスクをとって動かなければいけない。

〈その結果、議員バッジを外すことになっても仕方がない。拉致被害者とその家族をいつまでも待たせるわけにはいかない……〉

平沢は、そう腹を括《くく》り、もう一度、北朝鮮高官との話し合いに応じることを決めた。

その際、北朝鮮側は「小泉総理、あるいは、小泉総理に代わりうる人と一緒に来てほしい」という注文をつけてきた。

小泉にストレートにモノが言える人物は、小泉の盟友であり、幹事長および副総裁として小泉を支えてきた山崎拓をおいてほかにはいない。

平沢は、山崎の賛同を得て、四月一日から二日にかけて中国の大連《ターリエン》で二度目の会談をおこなった。

大連会談は、小泉総理の同意も得ていた。

しかも、山崎は現地から話し合いの結果について、逐一、小泉に報告している。これは二元外交などではなかった。

山崎と平沢の出席した大連会談は、二日間、約九時間にわたっておこなわれた。

山崎は、拉致問題の解決なくして国交正常化なし、という従来どおりの日本の立場を強調したうえで、「日朝の問題は、拉致問題、核問題、ミサイル問題など多岐にわたっている。核およびミサイルの問題は六カ国協議で解決したいと思っているが、拉致問題は日朝の問題だから、二日間で早期に解決したいと思う」と続けた。

つまり、日本としては、拉致などの問題を完全解決したら、平壌宣言どおりに国交正常化に進む意思があることをはっきり伝えたうえで、拉致問題を早く解決しろというシグナルを送った。

そして、約九時間の話し合いのうち、最初の六時間近くは、主として山崎が核やミサイルなどの問題に時間を費やし、残りの三時間は、平沢が集中的に拉致問題の解決について話し合った。

このかたちを取ったことで北朝鮮側が一方的に日本に抱いていた誤解がかなり払拭《ふっしょく》されたのか、拉致問題解決に前向きな姿勢を見せ、具体的ないくつかの方策についても言及した。

そして、山崎が「日本に帰す人を、先に帰国している五人が出迎えるという案」に代わる案として「政府高官が出迎える案」を提案したところ、「持ち帰って検討する」と答えた。

平沢は、この言葉と、その前後の様子から考えて「これは帰国した五人が迎えに行かなくとも、間違いなく八人を帰すつもりだな」という感触を得た。

八人の家族の帰国問題は、十二月の北京会談、二月の政府間協議から大きく進展した。

また、その時、北朝鮮側は「小泉総理から日朝国交正常化交渉を進めるというメッセージがほしい」という注文をつけてきた。

それも、山崎が小泉に伝えた。

その方法としては、記者会見で明らかにするというやり方もあるし、特使を派遣してメッセージを届けるというやり方もある。

あるいは、小泉本人が直接、北朝鮮に行くというやり方もある。

どの方法を取るのだろうと思っていたら、小泉は再訪朝を決断した。

これは、平沢も意外であった。小泉が再訪朝すれば、八人の家族は絶対に帰ってくると確信した。

小泉総理は、五月二十二日に再訪朝し、蓮池夫妻、地村夫妻の子供たち五人が帰国した。

その時、金正日国防委員長は、曽我さんの夫のジェンキンスと二人の娘さんはジェンキンスの判断に任せると言い、取りあえず、北朝鮮に留《とど》まった。

その時、日本では「北朝鮮は、ジェンキンスさんたち三人は絶対に帰さない」という根拠不明のことを言う人もいたが、平沢は、いずれ帰ってくると思っていた。

時期がずれたのは、北朝鮮側の内部事情やジェンキンスさんの気持ちもあった。ジェンキンスさんは、拉致被害者ではなく、亡命者だから立場の違いもあったのだろう。

ジェンキンスさんたちは、七月九日にインドネシアのジャカルタで家族と再会。その後、日本に帰国を果たした。

山崎拓は、第一次安倍内閣時代の平成十九年一月にも側近の一人の田野瀬良太郎《たのせりょうたろう》を連れて、訪朝している。

この時は、安倍内閣の了承をとらなかったため、安倍総理の逆鱗《げきりん》に触れた。官房副長官の下村博文から、平沢のもとに抗議の電話があったという。

安倍はこの時山崎らの行動を「百害あって一利なし」と吐き捨てるほどだった。

平沢はほかに言い方はなかったのかと思ったが、外に向かっては何も言わなかった。

平沢は、「拉致問題解決は、結果がすべてで、きれいごとだけ言っていても始まらない。北朝鮮との重要なパイプのある山崎拓などの力も必要だ」と思い続けている……。

「やっぱり石原慎太郎」

石原伸晃は、平成十九年（二〇〇七）に自民党政務調査会長に起用され、初めて党三役入りする。その年の十二月に山崎派に入会。

石原慎太郎は、息子の伸晃が所属する山崎派に入っている平沢に会うと、よく声を弾ませて言った。

「息子を頼むよ」

平沢が山崎派に入会した時、安倍晋三は森喜朗政権下で官房副長官、小泉純一郎政権下で幹事長に抜擢《ばってき》されていた。とはいえ小泉流サプライズ人事の色合いが強く、この時も安倍晋三が総理大臣になるとは誰も予想していなかった。

平沢も同じである。いくら大学時代に家庭教師を務めた縁があるとはいえ、安倍と同じ派閥に属して応援するという発想はなかった。

むしろ、そのころは、山崎派の石原伸晃のほうがはるかに総理候補に近い存在だった。

が、安倍は、平成十八年、石原より先に総理・総裁となった。

石原慎太郎

伸晃は自民党東京都連の会長を務めていたが、都連の運営は容易なことではない。父親の石原慎太郎に「息子を頼む」と言われたこともあって、平沢は可能な限り伸晃を応援しようと働いた。平沢と伸晃の関係は深まっていき、一時は衆院選のポスターも石原伸晃、平沢勝栄、鴨下一郎《かもしたいちろう》と三人で撮ったポスターを作成したこともあったほどだ。

平成十九年春、東京都知事選挙がおこなわれることになった。

石原慎太郎は三度目の出馬で、政治評論家の浅野史郎《あさのしろう》、元足立区長の吉田万三《よしだまんぞう》、建築家の黒川紀章《くろかわきしょう》らと戦うことになった。

この時、石原は口の悪さが悪評を呼び、四男で画家の延啓《のぶひろ》に利益誘導していたことも発覚して落選の危機に陥っていた。

平沢勝栄は、石原の選対本部長を務める佐々淳行から相談を受けた。佐々は東大法学部の先輩で、同じ警察官僚の先輩でもあった。

「このままでは慎太郎は落選だ。どうしたらいい？」

平沢も答えに窮した。

「これは相当に深刻ですよ。慎太郎さん、有権者から石でも投げられるんじゃないですか。ご本人は呑気《のんき》だから、バッシングを受けているとは感じていないだろうけど」

平沢と佐々はいろいろ考えた末、「慎太郎のスローガンを作ろう」ということになった。

頭をひねりにひねって佐々が思いついたのがなんと『反省しろよ慎太郎、だけどやっぱり慎太郎』であった。

このスローガンの功もあってか、石原慎太郎は三度目の勝利を得た。

もちろん、慎太郎本人は落選の心配などしていなかったし、反省もしていなかった。が、何があっても当選してしまうのだから、そこはスローガンどおり「やっぱり慎太郎」だと言えた。

いっぽう平沢は、選挙では無類の強さを発揮しているが、もっとも苦戦したのが麻生太郎総理のもとでおこなわれた平成二十一年（二〇〇九）八月の衆院選だった。この衆院選で自民党は歴史的大敗を喫し、野党に転落した。

この選挙では、自民党の候補者というだけで石を投げられそうな雰囲気があった。

これは平沢にとって初めての体験だったという。中には唾《つば》を吐きかけられた自民党の候補者もいたほどだった。

この衆院選は、もともと麻生の総理就任直後におこなわれる予定が、結果的に一年も延びてしまった。

平沢は、世論調査のたびに支持率が下がっていく数字に肝を冷やすと同時に、なぜ早く選挙をしないのか、と焦ったという。

「最初の調査は十万票の差でわたしが勝ってましたが、二カ月後の調査で、ガクッと落ちて、さらにその次の調査で落ちる。なぜそんなに選挙を延ばしたのか疑問でした」

実際、この選挙でも平沢は十三万八千五百十二票を獲得し、勝利したもののそれは貯金があったからだ。次点の民主党の早川久美子《はやかわくみこ》は十万六千八百九十二票を獲得し、今までの選挙よりははるかに接戦となっている。

その結果、自民党は野に下り、民主党の鳩山由紀夫《はとやまゆきお》政権が誕生してしまった。

海外での感性の違いとベナンの大使館設置

平沢勝栄には、海外を回り、各国による感性の違いに驚いたり感心したいくつかのエピソードがある。

平成十年（一九九八）、ビル・クリントン大統領とホワイトハウスのインターンのモニカ・ルインスキーのスキャンダルが発覚し、話題となっていた直後のことである。平沢勝栄は、ワシントンDCを訪れる機会があった。

平沢は、その時、当時のホワイトハウスの高官に質問したことがあった。

「スキャンダルで世間は騒然としていますが、クリントン大統領の問題はどうなりますか？」

高官の返答は機転の効くものだった。

「問題は問題だけれど、アメリカ国民は大統領のことを許したんだ」

「なぜ、許したのですか？」

平沢はさらに問いかけた。

平沢勝栄一行のベナン訪問

「理由は二つある。一つはヒラリー夫人が許したこと。そして、もう一つは大統領がアメリカにとって良い仕事をしているから、経済も上向いてきた。だから許されたんだ」

ホワイトハウスの高官だから、もちろんクリントン大統領に対して好意的だっただろう。

だが、平沢は、彼の回答に合理的なアメリカ人のマインドを感じた。

〈日本だと良い仕事をしているかどうかは関係なく、一つでも失敗があれば駄目だと見なされる。相撲の星獲りで言えば十四勝一敗でも一敗が徹底的に叩かれる。でも、アメリカは八勝七敗で勝ち越しているならば問題ないという考えなのだろう〉

平成十六年十二月、平沢は、親しい議員仲間と一緒に、西アフリカのベナンを訪れた。

同行した議員は、自民党からは平沢のほかに竹本直一、民主党からは松木謙公、原口一博、渡辺周だった。

ベナンを訪問先に選んだのは理由があった。

テレビ出演などを通じて、平沢たちと親交のあるタレントのビートたけしから頼まれたのだ。

当時、ビートたけしは、ベナン出身の外国人タレントのゾマホン・ルフィンを付き人にしており、ゾマホンの母国であるベナンに学校を建設するなど慈善事業をおこなっていた。

平沢や松木たちは、ビートたけしの依頼もあって、現地の人たちの生活向上のための井戸の建設や、文房具などの学習教材の寄付をおこなった。

井戸は、一行の寄付を資金として建設され、現地に着いた時には、すでに実用化されていた。

試しに水を飲んだ原口がお腹を壊してしまい、ベナンでの移動中、ずっと体調が悪かったという。

原口は、飛行機での移動中も体調が悪化して、機内に医師がいないか呼びかけるほどだった。

原口の病状を危惧した周りの乗客たちが席から離れるほどだったという。

ともあれ、平沢たちが段ボール箱いっぱいに鉛筆やノートなどの文房具を持っていったこともあり、現地では大変歓迎された。

竹本直一は、村人たちに気に入られたらしく、そのまま村に残って村長になってくれと頼まれて困惑していた。

別れ際には、お礼として村人たちからひどく痩《や》せたヤギを一頭お土産にもらった。ヤギは、乳が出るので、村人たちにとってはとても貴重な贈り物で最大のもてなしだという。このヤギは車のトランクに入れてその村を去ったが、鳴き続けるので、帰路の道中で出会った集落の人たちにプレゼントしたという。

ベナンはとても貧しい国だが、この時、日本は現地に大使館を置いていなかった。その一方で、ベナンは日本に大使館を置いていた。

そのことに問題意識を感じた平沢たちは、帰国後、政府にベナンに大使館を置くように働きかけた。

平成二十二年に、平沢たちの努力も報われ、ようやく日本大使館がベナンに置かれることになった。

平沢は、この時の縁もあり、現在も、日本・ベナン友好議員連盟の会長を務めている。

また、平沢たちに同行したゾマホンは、平成二十三年から平成二十八年まで駐日ベナン大使を務めている。

「鳩山の次の総理大臣は誰になるんだ？」

鳩山由紀夫政権が成立してから半年が過ぎた平成二十二年（二〇一〇）三月、平沢勝栄は、現在群馬県知事で、当時参議院議員だった山本一太とともに渡米し、ワシントンＤＣを訪ねた。

鳩山政権は、誕生して以来、米軍普天間基地の移設問題などをめぐって迷走していた。

鳩山総理は「最低でも県外」と言い続け、移設先を探したが、実現せずすでに決まっていた名護市への移設を求めるアメリカ側との交渉は進展しなかった。

そのため、日本政府とアメリカ政府の関係は悪化する一方だった。

当時は民主党政権下で、平沢と山本は野党の議員だったが、アメリカ政府が日本をどのように見ているのか確認したいと思い、訪米したのだった。

ワシントンＤＣでは、国務省を訪れ、対日政策の司令塔であるカート・キャンベル国務次官補（東アジア・太平洋担当）に会った。

キャンベルへのアポは日本の外務省にとってもらった。

平沢たちは、野党の一議員の面会に応じてくれるかどうかむずかしいと思っていたが、意外なことに会ってもらえることになった。

国務省の面会室に向かうと、カート・キャンベルは、待ち合わせの時間よりも数分ほど遅れて入室してきた。

キャンベルは、部屋に入ってくるなり、間髪置かずに平沢らに話しかけた。

「座る前に最初に訊きたいことがある。鳩山の次の総理大臣は、誰になるんだ？」

日米関係の悪化はすでに平沢たちも実感していたが、アメリカの対日政策の第一任者が開口一番でそこまで言及するほど悪化しているとは思ってもいなかった。

平沢はキャンベルの問いにとりあえず答えた。

「副総理の菅直人じゃないでしょうか」

当時、菅は鳩山内閣で副総理の立場にあった。順当にいけば鳩山の次の総理になる可能性は高く、実際に三カ月後には鳩山の後任の総理大臣となっている。

キャンベルは平沢の回答に大きく失望しているようだった。

「菅かあ……」

平沢たちは、自分たちの想定以上に、アメリカ政府が民主党政権に失望していることを実感した。

会談後、平沢たちは記者会見をおこなったが、キャンベルのその発言についてまでは影響力も考えて、明らかにはしなかった。しかし、平沢たちとキャンベルとの会談自体は大きな話題となり、NHKが夜七時のニュースで伝えるほどだった。

安倍晋三の誤解

野田《のだ》佳彦《よしひこ》が総理を務める民主党政権時代、安倍晋三から平沢に突然、電話がかかってきたことがある。

「平沢さん、あなたは『総理大臣経験者は、大使として外国に派遣することも検討したら』と発言したらしいですね。ちょっとひどいじゃありませんか」

平沢はビックリした。確かに安倍の言うとおりの発言をしていた。

「総理大臣は、日本の大事な宝だ。せっかく元総理が五人も六人もいるのだから、了解が得られれば外国の重要な国の大使として出てもらうことも検討したらよい。議員引退後にチリの特命全権大使になった小川元の例もある。そのほうが、日本のためになる」

これは平沢だけが言っていたことではない。第一次安倍内閣で官房長官を務めた塩崎恭久《しおざきやすひさ》をはじめ、他の議員も同じことを党の会合で口にしていた。

平沢は言った。

「わたしとしては、民主党出身の元総理などを念頭に言ったことで、当時の状況を考えていただければわかります」

が、安倍の声は硬かった。

「いや、これはその場にいた党の職員すべてに聞いて、平沢さんの発言についてもきちんと確認を取ったんですよ」

平沢はまた驚いた。

〈党内での会合の発言を。いろいろな意見の中の一つをそこまで徹底的に調べるのか。何かの誤解ではないか〉

第一次安倍内閣以後、福田康夫《ふくだやすお》、麻生太郎、鳩山由紀夫、菅直人《かんなおと》、野田佳彦と、毎年次々と、総理大臣が入れ替わっていて、石を投げれば元総理に当たると言われた。

在イギリス日本大使館勤務を経験した平沢としては、外務省の役人よりも、はるかに格上の元総理が重要な国の大使に就任したほうが相手国が一目も二目も置くので国益に繋がるのではないか、特に民主党の元総理にも活躍してもらえるのではないか、と単純に思っただけで、他意は一切ない。

が、安倍は「平沢は、自分を外国へ追いやろうとしている」と勘違いしたようだ。

党の職員が安倍に何をささやいたか知らないが、あくまで誤解だ。平沢は改めて思った。

〈安倍さんは味方につけたら強い。けれど誤解されたら解くのが大変だ〉

海外の人々から見れば、安倍晋三は政治家らしい政治家と言えた。海外の政治家は、相手を押さえつけてでも階段を上がろうとする。平沢は、安倍に日本の政治家というよりも、海外の政治家に近い強靱さがあるという印象を抱いた。

祖父の岸信介は、安倍晋三よりもさらに戦闘的であった。逆に、父親の晋太郎は人が良い。が、人の良さは政治家として必ずしもプラスにばかり作用しない。第一次安倍政権で失敗した安倍は、父親の人の良さを脇に置いて祖父を見習うことにしたのかもしれない。

それに、いま一度総理に……との野心を秘め戦い続けていたから、よけいに大使といういわゆる上がりを思わせるポストに就任させるという発言に、善意で言ったことであっても強い抵抗を覚えたのかもしれない。

石原伸晃の「失言三点セット」

平成二十四年（二〇一二）九月、谷垣禎一《たにがきさだかず》総裁の任期満了に伴う自民党総裁選挙がおこなわれることになった。

自民党総裁の谷垣禎一が総裁選出馬を断念した。出身派閥のオーナー古賀誠が谷垣を推さず、石原伸晃を推す意向を示したため「勝ち目なし」と見た谷垣が撤退を決めたのだった。

石原伸晃、安倍晋三、石破茂、町村信孝《まちむらのぶたか》、林芳正《はやしよしまさ》の五人の戦いとなった。

平沢勝栄は、同じ山崎派の石原伸晃から連絡を受けた。

「総裁選に出馬するので、ぜひ応援してください」

ところが、再登板にかける安倍晋三からも「応援してくれ」と何度も連絡が入り、板挟み状態となってしまった。

が、山崎派にいる立場上、石原を応援せざるをえない。

安倍にとってみれば、平沢は自分が小学生の時からの知り合いであり、家庭教師の先生であり、父親の晋太郎との交流も長年にわたり築いてきた仲である。きっと平沢なら、真っ先に自分を応援してくれるに違いない、と考えていたのだろう。

苦渋の選択であったが、平沢にも立場がある。安倍には断りと詫びを言うしかなかった。

石原伸晃は間違いなく優秀で総理の資格があるといえた。ただし、石原に対する不安は、口の軽さだった。

まずは九月十一日の『報道ステーション』（テレビ朝日系）での「ナマポ」発言。当時、下野していた自民党の議員は生活保護バッシングを扇動し、「不正受給許すまじ」という空気を社会に作り出していた。石原もそれに乗っかり、正当な権利である生活保護を受け取ることを攻撃するために使われる「ナマポ」なるネットスラングを地上波で平然と口にしたのだ。

石原伸晃

「『ナマポ』、古館さんもご存知だと思いますけど、『ゲットしちゃった』『簡単よ』『どこどこにいけば簡単にもらえるわよ』こういうものを是正することが、わたしにはできると思う」

また同じ番組で社会保障政策について訊かれている最中、石原はこんなことも言い始めた。

「一言だけ言わせていただくと、わたしはね。尊厳死協会に入ろうと思ってるんです。尊厳死協会に、やっぱりターミナルケア。これからどうするのか。日本だけです」

石原は勝ち誇ったように語気を強めて言った。

「わたし、この発言で誤解を招いたんです。この発言で……」

この発言で「石原は『安楽死によって社会保障費を削減しろ』と言っているのではないか」と批判された。

九月十三日朝、生出演していた『朝ズバ！』（ＴＢＳ系）で、東京電力福島第一原発事故の影響で放射性物質に汚染された土壌について、とんでもない言い間違いをしてしまった。

「これ、なんとかしてくれという声がある。運ぶところは、福島原発の第一サティアンのところしかない」

「サティアン」は、オウム真理教が教団施設の呼称として使っていたのだ。いくつもあったサティアンのうち、富士山総本部道場の隣りにあったのが信者たちから「第一サティアン」と呼ばれていた。

石原はしまったと気づき、「言い間違い」だと釈明したが、あまりにも配慮を欠く発言として批判を浴びた。このほかにも「中国は尖閣諸島に攻めてこない。誰も住んでいないから」と言ってみたり、アメリカ同時多発テロについて「歴史の必然として起きた」と言ったりしている。

　このようなとんでもない間違いが突然に起こるわけがない。日ごろ、酒場で飲みながら、冗談めかして「第一サティアン」などと口走っていたからこそ、こういう場面で突然口をついて出たと誰もが思ったのではないか。

　失言は「ナマポ」「尊厳死」「サティアン」の「失言三点セット」には納まらず、このほかにも多くあったのである。

　石原伸晃の口の軽さは、明らかに毒舌家であった父親の慎太郎の影響があった。が、慎太郎なら辛うじて許されることを、息子の伸晃がやってしまっては世間では通用しない。

　結局、伸晃の口禍は改まることなく、本人が驚くほどの反発が有権者から起こり、総裁選ではとうとう致命傷を負ってしまった。

　九月二十六日の総裁選で、当初は一位と予想されていた石原であったが、石破、安倍に続く三位に終わった。

　石破と安倍の決選投票で安倍が勝ち、安倍が二度目の総裁となった。

　しかも第二次安倍政権以降は、平成二十四年十二月二十六日から令和二年（二〇二〇）九月十六日まで七年八カ月余りと戦後最長の長期政権になったのである。

　平沢はその間、大臣のポストに就くことはなかった。

　一度だけ、安倍から電話がかかってきた際、平沢は口にしたことがある。

「わたしも一回くらい大臣をやってもいいじゃないですか」

が、安倍の反応は鈍かった。言外に「なぜ総裁選の時に応援してくれなかった」という雰囲気が強く感じられた。

平沢はあとになって、安倍からの応援依頼を無下《むげ》にしたことを反省した。

〈あの時に安倍さんの応援を一生懸命していたら、その後のわたしの政治家人生もずいぶん変わったに違いない……〉

驚愕の中のロシア訪問

平沢は、平成二十七年（二〇一五）には衆議院の予算委員会が派遣する超党派の議員団の一人としてロシアを訪問した。

現地では食事会が開かれ、同席したロシア政府の幹部に平沢はその時、気になっていたことを質問した。

「ミズリナという女性議員が『プーチン大統領の精子をロシアの全女性に配って、子どもが生まれたら表彰しよう』という法案を提出したという新聞記事を日本で見ましたが、本当なんですか？」

平沢がロシアを訪れる少し前の平成二十六年十一月十一日の『東京新聞』朝刊の特報面などで

「側近『プーチンの精子、全ロの女性に』増殖計画　子どもは政治家・軍人に？　人種主義背景か」とのタイトルでこのニュースが次のように報じられていた。

《ロシア国内で圧倒的な人気を誇るプーチン大統領の精子を女性に配り「プーチン・ジュニア」を増やそうという計画があるという。提案したのは、ロシア議会の要職に就く大統領側近の女性議員。これまでも、極端過ぎる発言で注目を集めてきた人物だ。

「私の提案はいたってシンプル。すべてのロシア女性に大統領の遺伝子を郵送し、彼の子を妊娠、出産した女性には国から特別手当を与える」。ロシア紙『トラスト』によれば、イレーナ・ミズリナ議員は、大まじめにこう語ったという。

「男子なら、ソ連時代のスヴォーロフ陸軍幼年学校のような全寮制の特別な施設で教育を受けることになる」とも。スヴォーロフ学校は一九四三年創立。冷戦以降、軍や党幹部の子弟が入学するようになり、高度な政治、軍事教育が施されることで知られる。

ミズリナ議員の狙いは、ロシアに忠誠を誓う子どもの育成と愛国心の醸成という。「大統領の子どもなら、将来、軍事的にも政治的にもエリートになるだろう」と期待しているという。》

日本であれば考えられない話である。

だが、平沢の質問を聞いたロシア政府の幹部はあまり驚く様子はなかった。

「事実です。新聞は嘘をついていません」

平沢はさらに訊いた。

「その後、この問題はどうなったのか？」

この問いに対するロシアの議員の反応も、平沢を充分に驚かせるものだった。

「いったい、何が問題なんですか」

聞けば法案自体は却下されたようだが、提案の内容そのものを否定する様子はなかった。

平沢は思った。

〈プーチン大統領による独裁の国とはいえ、国が違うとここまで感性が違うのか〉

二階派入りの時の氏神

平成二十九年（二〇一七）二月、平沢勝栄は、事務総長まで務めていた石原派（近未来政治研究会）を退会。

山崎拓が政界を引退したあと、石原伸晃が会長を継いだが、石原のリーダーシップ不足もあり、甘利明《あまりあきら》や林幹雄《はやしもとお》ら退会者があとを絶たなかった。

これに怒ったのが石原慎太郎である。帝国ホテルでおこなわれたある人の「しのぶ会」で隣りに座った平沢勝栄に対し、石原慎太郎は怒りをぶつけた。

「なんだ、君は息子を助けてくれるんじゃなかったのか。応援せずに出ていくなんて駄目だな。

派に戻ってくれよ」

平沢は、頭を下げるほかなかった。

「はい、申し訳ありませんでした」

大勢の人の目があるため、慎太郎の声は抑え気味であった。が、本気で怒っているのがひしひしと伝わってきた。


平沢は石原派を退会したあと、無派閥の期間を経て、二階派（志帥会）に入会した。

二階派に入会したのは、民間人も含めさまざまな人から勧められたことがあったという。山崎派に所属していた旧知の林幹雄が二階派にいて、二階会長の右腕として力を振るっていたことも心強かったという。

なお二階派に移る時は、二階会長は平沢と山崎を交えての食事をしており、いわゆる仁義を切っての移行であった。


平沢が山崎派に所属していたころから親交があり、二階派に移籍するきっかけとなったのが林幹雄元経済産業大臣だ。

林も、山崎拓が衆院選に落選し、山崎派の会長の座を石原伸晃に譲ったのをきっかけに山崎派を退会していた。

林は石原とも仲は良かったが、山崎会長との深い縁で結ばれていたから、山崎会長が去るならば、とそれに合わせて、山崎派を辞めていた。

林幹雄

武部勤は石原が来る前にすでに辞めていた。甘利明は、山崎のあとは自分が会長になると思っていたはずだから、石原が会長に据わると、辞めた。甘利と親しい神奈川グループの田中和徳《たなかかずのり》と山際大志郎《やまぎわだいしろう》も一緒に辞めていった。

平沢が二階派に入会したきっかけは、平沢と林の共通の知人である医師の水町重範の勧めがあったという。

林はある時、水町から聞いた。

「平沢さんが二階派にお世話になりたいって言ってるんだけれど、どうでしょうか」

林は話を訊こうと思い、林、平沢、水町の三人で会うことにした。

だが、その時、平沢はまだ石原派の事務総長の職にあった。

そのため林は言った。

「まず事務総長を辞めないとまずいですよ。事務総長を辞めて、退会の話を向こうにきちっとしてから、二階会長に挨拶するということにしたらどうですか」

平沢にも問題はなかった。

林はさらに言った。

「二階会長は一度受け入れると言ったら、必ず受け入れます。来るもの拒まず、去るもの追わずというスタイルですから、本人が直接、二階派で政治活動させてもらいたいと言えば、間違いなく、わかってくれますから心配ありません」

その後、平沢は二階派に入会した。

その時の様子を林が語る。

「最初に会って話したのは党本部の幹事長室です。その前日に二階幹事長に平沢の意向を伝え、次の日に幹事長室で二階幹事長に平沢と会ってもらった。もちろん、わたしも同席しました。その場で二階幹事長がＯＫして入会が決まりました」

二階派に入会後も平沢は、入閣のチャンスに恵まれなかった。

第二次安倍政権で二階派が平沢を推薦したものの、見送られてしまった。

今度こそはと二度目も二階派として平沢を推薦したが、また駄目だった。

林は平沢に訊いた。

「何が引っかかってるんだ」

「総裁選挙で、安倍さんを応援しなかったことが一番大きいのではないか」

「それならそのことを安倍さんと率直に話したほうがいいよ」

平沢は、安倍に応援できなかった事情を伝えた。

すると、安倍総理は言った。

「よし、わかった。この次は、なんとかするから」

平沢はその言葉に安堵したようで、周りに「ようやく安倍さんもわかってくれたよ」と話していた。

が、結局、第二次安倍内閣への入閣はなかった。安倍が体調不良で辞めたからである。

しかし、その後、菅義偉内閣が発足したこともあって、二階幹事長の強い推しもあり、平沢は念願叶って、復興担当大臣として初入閣を果たした。

福島が第二のふるさとの平沢にとっては、思い入れの強い大臣就任だっただろう。

平沢の選挙区は東京の下町だが、そこでの平沢の人気はすさまじいものがあるという。

林も、一度平沢の地元に足を運んだ際に体感していた。

「地元に来てくれって言うから、柴又へ行ったんですけど、えらい人気なんです。気さくな人柄が慕われているのか、本当に地元をよく回っているなあと感じました。最初は落下傘で戦って、あそこまで地盤を築くのだから、たいしたものですよ」

林は、今後とも、平沢の活躍に大いに期待している。

「これまでどおり、持ち前のフットワークを活かして大いに頑張ってもらいたいですね」

二階会長も平沢の入会を喜んでいる。

「いい人が入ってくれた。派の厚みも増した。彼には今後の活躍の舞台はいくらでもある」

自民党内の硬直状態

暗殺で亡くなった安倍元総理をどう評価するか。

安倍が不世出の大政治家であることは間違いないが、その評価には時間がかかると平沢は指摘する。

「熱心な支持者が多い中で、批判的な人もいます。今の段階では評価は早すぎると思いますが、五年経ち、十年経てば、正しく論評する空気になるでしょう。長期政権で政治の安定をもたらしたことは、日本の国益に大きなプラスをもたらしたと言えます。しかし、外交はどうか。あえてマイナスを言えば、たとえば、ロシアも北朝鮮もなんら結果が出ていない。安倍さんは財務省や外務省などの官僚を徹底的に批判していましたが、その点もどうかなと思います。もし官僚がけしからんのであれば、その上にいた大臣の責任はどうなるのかなと思います」

今や、一部の人は「安倍さんがこう言っていた」というのを拠《よ》りどころにしてしまっている。

平沢が少し疑問に思うのは、保守言論の代表格である学者や評論家だ。

安倍元総理を失ったことで頑《かたく》なになってしまい、「0《ゼロ》か100か」という極端な考えに偏り、中間の妥協案を見いだせずにいるように見える。

LGBT理解増進法案のことで、安倍派の稲田《いなだ》朋美《ともみ》が一部の人たちから裏切り者呼ばわりされて袋叩きに遭っている。

が、実際のところ、稲田は岸田総理から裏で「なんとか頑張ってやってくれ」と命じられ、矢《や》面《おもて》に立たされているだけだ。

平沢は思った。

〈国民も、岸田総理の手足になって忠実に動いている者を攻撃している〉

平沢は、稲田のことを気の毒に思っていた。

〈自民党内で他の意見が通らない硬直状態は、いっこうに解決されない拉致問題に似ている〉

圧力一本のやり方で通用しなければ、ほかのやり方も検討すべきである。日本側は「全員一括して返せ」と繰り返してきたが、拉致被害者の全体像がわからない以上、高齢者も含め全員を日本に帰国させるにはどうしたらよいか、再検討すべきだろう。

第九章　拉致問題解決と日本の近未来

功労者「田中均」

平沢勝栄は、もともと拉致《らち》問題に熱心に取り組んできた議員の一人だ。

しかし、小泉政権時代に一部の拉致被害者が帰国して以降、この問題は進展していない。第二次安倍政権や菅政権、岸田政権でも早期の解決を謳《うた》っていたが、動くことはなかった。

「わたしは、拉致問題において功労がある一人は小泉総理の訪朝を主導した当時の外務官僚だった田中均だと思っている。田中均の交渉があって、北朝鮮は今まで一切認めていなかった拉致を認めた。現在は制裁一辺倒だけど、それだけでは動かない部分もある。この問題は強硬な世論がハードルになっていて、制裁以外の選択を取りにくくなっていることがある。わたしはこのままではいつまで経っても動かないと思うので、田中均がやったような交渉も必要だと思っている」

田中均

平沢は安倍に言った。

「田中均は、一番の功労者じゃないですか」

すると安倍は「えーっ」と言いながら、苦笑いをしていた。

安倍は田中のことを嫌っていた。みんながいる前で「田中は手柄を全部独り占めした」と発言したりもした。

そこで平沢は、さらに安倍に言った。

「もし田中が悪いんだったら、田中を使っていた小泉総理も悪い。だから小泉さんにも『悪い』と言わなければおかしい。それなのに役人の田中だけ虐《いじ》めるのはどうか。田中は上の指示を得てやっただけだ」

平沢は、田中均と親しいどころか一切交流がなかった。もちろん一緒に食事をしたり、一対一で話したこともない。

が、田中の考えは、平沢と近かった。テレビに出演した際も「拉致問題はこのままではまったく前進しない」と発言していた。だから擁護したまでだ。

自民党の会合で田中を見かけた時、平沢は本人に「よくやった」と激励もした。

すると、高村正彦が平沢に言った。

「田中は、帰国した五人を北朝鮮に再び帰す約束を破った政府に対し『約束したのだから帰せ』

と主張したが、これは賛成できない」

このことに関しては、話し合いの際に北朝鮮が言っていた。

「五人を帰国させる際、日本政府の人が『この五人はすぐに北朝鮮に帰ってきますからね』と約束して日本に帰国させた。しかし日本は五人を北朝鮮に帰さなかった。確かに小泉訪朝前は、北朝鮮側もいろいろ嘘をついてきた。しかし小泉総理が北朝鮮に来て、金正日が拉致について日本に謝罪して以降、北朝鮮は誠実に対応している。嘘をついているのは、むしろ日本だ」

北朝鮮はしたたかで、日本が望む「全員帰還」に応じるはずもなかった。死亡したとする拉致被害者の死因の説明について嘘を並べ立てた北朝鮮がよく言うなと思うが、こういった我々の常識が通用しない北朝鮮を相手に我々は結果を出していかなければならないのである。

安倍政権の「北朝鮮謀略説」

昭和五十三年（一九七八）、神戸市でラーメン店店員の田中実さん、翌昭和五十四年に田中さんと同じ児童養護施設で育った金田龍光さんが失踪。

拉致を認めなかった北朝鮮が、平成二十六年（二〇一四）になって突如「二人を一時帰国させる」との提案をした。

安倍政権はこの提案を最終的に拒否した。「拉致問題の幕引きを狙う北朝鮮の謀略」と警戒しためだ。

が、平沢は思った。

〈北朝鮮が帰すと言っているものは帰国させて、残りの拉致被害者については継続して話をすれば良いのではないか〉

北朝鮮は、日本側が求め続けていた田中さんらを除く横田めぐみさんらの安否不明者について、改めて「死亡」と通告していた。

それでも平沢は思う。

〈だが、田中、金田の帰国の申し出を拒否してしまったら、北朝鮮側は「だったら拉致問題はこれで終了だ」とするだろう。被害者は大勢いて、横田めぐみさんを筆頭に誰一人として譲ることができないのは当然だ〉

拉致問題はこれまでにさまざまな駆け引きがあり、田中実さんらのように北朝鮮側が譲歩する場合もあった。が、北朝鮮は、譲歩したつもりでも日本が取り合わないのだから、もう駆け引きは終了だ、となる。

北朝鮮は「一九九四年（平成六）に横田めぐみさんは死亡した」と言ってきている。この主張が覆されることは今のままではむずかしいだろう。このまま硬直状態が続いてしまうと、事実関係は歴史の闇《やみ》の中に葬られて真相は何もわからないままとなってしまう。

拉致の集会で挨拶

北朝鮮に拉致された日本人を救出するための全国協議会も、仲間同士で足並みが揃っていないところがある。意見の食い違いから、組織の中が割れている。

また福井県には「北朝鮮に拉致された日本人を救う福井の会」があるが、「救う会」との連携がうまくいっておらず、活動資金の使い方にも意見の食い違いが見られる。「全員救出」は当然であるが、「今のやり方はおかしい」「別のやり方でいこう」と考えている人たちもまた大勢いるということなのだろう。

令和五年（二〇二三）八月一日、平沢は、韓国の高官と拉致問題について話をした。高官が言う。

「日本の今のやり方は、自分で自分の首を絞めているようなものだ。もし『今のやり方を変えろ』と言い出したら、別の人たちが変えてはいけないと騒ぐ。悪循環に陥っている」

平沢はあらゆる選択肢を視野に入れて、交渉をする必要があると訴える。

「日本でも、救う会（北朝鮮に拉致された日本人を救出するための全国協議会）のような民間団体が取り組んでいる。多くの民間団体の中には、自民党の拉致対策本部の会議で、国会議員を怒鳴り上げる人までいる。ブルーリボンバッジをつけていないことを指摘する人もいますが、バッジをつければ事態が動くわけでもないし、つけていないからといって活動をしていないわけでもない。バッジをつけていることで解決に努力しているという自己満足になっている人もいる」

平沢は、北朝鮮への圧力や経済制裁を求める国民世論だけで問題は解決するのか疑問だとする。

「政治家は、どうしてもそういう世論に弱いから、経済制裁一辺倒になってしまいがち。個人個人では、さまざまな手段を使って解決を図るべきと思っていても、批判を恐れて行動に移しにくいわけです。でも、解決にはさまざまなルートがあっても良い。安倍さんも先日出版された回顧録の中で、解決のためには、いろんなルートをすべて使うと言ってましたから」

山崎拓、二階俊博起用説

岸田政権は、拉致問題解決に動き出した。支持率回復に繋がることも考えてのことだろう。

しかし、北朝鮮側はメリットがなければ、動かない。「拉致被害者全員の一刻も早い救出を！」との主張はまったく正しい。が、正しいからといって、事態が動くわけではない。

平成十六年（二〇〇四）、北朝鮮にいる夫が保管していたという横田めぐみさんの遺骨や写真、自筆メモなどが日本に返されたが、ＤＮＡ鑑定で本人のものでないことが判明している。そこで日本人の多くが「それならば、めぐみさんは生存している」と考えた。当然のことだ。ともかく生存を前程に「事実のみ」を北朝鮮に言わせ、それを検証することだろう。

現在、日本と北朝鮮との拉致被害者をめぐる交渉は暗礁《あんしょう》に乗り上げたままで、ここ十年以上、進展していない。

拉致問題の解決を掲げた第二次安倍内閣でも動くことはなかった。

平沢は、北朝鮮が受け入れるであろう二階俊博や山崎拓などに動いてもらうべきだと訴える。

「日本の拉致問題は、応援する人の考えも一枚岩ではない。いろんな人の意向を汲《く》んでうまくいかなくなっている部分がある。ここは思い切って、変えるところは変えたらどうか」

岸田文雄

結果的に経済制裁ありきだけの対応がこの問題を解決に導く幅を狭めていると平沢は語る。

「経済制裁をかければ、北朝鮮がギブアップして拉致被害者を返してくるという見立てを最初に言い過ぎて、その見立てを変更できなくなっている。その主張をひっくり返すわけにはいかないから交渉自体が進まなくなっているわけです」

平沢は、北朝鮮のトップと会うことが重要だという。

「特に二階さんならば相手も会うでしょう。解決しないと意味がない。もう時間がありません。トップに会える人に行ってもらわなければ駄目です。解決するには百点でなくても少しずつ、しかしスピード感を持って進めていく以外にありません」


平沢は、二階の外交についても語る。

「世間では中国と親しいと誤解されているが、今みたいな時だからこそ、日本にも中国とのしっかりしたパイプがないと困る。わたしは二階さんが中国とパイプを持っていることは日本にも中国にも非常に良いことだと思う」

世間には、二階ならではの外交を期待する声もある。

その中には、北朝鮮との外交のために、二階が訪朝してはどうか、という意見もある。

もし二階が訪朝した場合、二階と関係がある中国も韓国も、表立っては反対しないだろう。

また、二階自身、これまで北朝鮮を刺激するような発言を特にしていない。

二階の訪朝が実現すれば、北朝鮮の金正恩《キムジョンウン》委員長も、拉致被害者の問題についても話に乗ってくる可能性は充分にありえるだろうというのだ。

新生韓国との強いパイプ

平沢勝栄は、現在の韓国の尹錫悦《ユンソクヨル》政権とも強いパイプを持つ。

かつて平沢が初めて衆院選に出馬した際にその様子を身近で学び、『代議士のつくられ方　小選挙区の選挙戦略』という新書を発表した朴喆熙《パクチョルヒ》が、令和五年（二〇二三）三月三十日に韓国の国立外交院長に就任したのだ。

一九六三年（昭和三十八）に韓国に生まれた朴喆熙は、ソウル大学政治学科を卒業後、政治学修士号を取得。その後、コロンビア大学に留学した。

平沢が出馬する一年前の平成七年（一九九五）に国際交流基金フェローとして来日し、中曽根康弘が所長を務めていた世界平和研究所の客員研究員となった。

平沢が朴と知り合うのは、衆院選への出馬準備を始めた平成八年の一月ごろだった。

朴は、日本の国会議員がどのように誕生するのかについて調査することを希望し、その研究対象として、平沢に白羽の矢が立ったのだ。

かつてジェラルド・L・カーティスが佐藤文生《さとうぶんせい》をモデルに『代議士の誕生―日本保守党の選挙運動』という著作を出したが、朴は、同じような論文を執筆したいという強い意欲を持っていた。

朴は、平沢の秘書の名刺を持ち、投開票日までの十カ月間、平沢の選挙活動に文字どおり密着。

平沢の初当選を見届けたのだった。

朴は、中曽根や後藤田正晴ら平沢と親交のある政治家はもちろん、平沢を支持する地元の後援会長や区議会議員たちに徹底的に取材をし、コロンビア大学の博士論文として書き上げ、その後、日本語版を文藝春秋から新書として刊行した。

朴は、コロンビア大学で政治学の博士号を取得すると、韓国に帰国。ソウル大学で教授を続けて、ソウル大学の国際学研究所長を務めていた。

親日派の朴は、尹政権の前任の文在寅政権時代には煙たがられていたようだったが、尹政権が発足すると、対日政策のブレーンとして起用された。

尹陣営の政策諮問団に加わり、外交政策樹立に関わることになる。

日韓関係の改善を目指していた尹大統領が令和四年四月に対日政策を説明するために「政策協議代表団」を日本に派遣した際にも、朴は、メンバーの一員として来日。岸田文雄総理らと面会していた。

平沢と朴の親交は深い。

平沢は、朴が来日した際には、二階俊博元幹事長や、日韓議員連盟の幹事長を務めている武田良太に、朴のことを紹介した。

なお、現在の駐日韓国大使の尹徳敏《ユンドンミン》は、朴のかつての上司である。朴が次の駐日韓国大使になる可能性は大きいという。

スパイ天国解消を

令和四年（二〇二二）七月十八日、安倍晋三元総理の死去を受けて、韓国の朴振《パクチン》外交部長官が初訪日した。この時、朴長官が日韓関係について次のように発言した。

「日韓関係がうまくいかない最大の問題は、後ろについている運動体が原因だ。運動体が指図するから、前面に出ている人たちが思うように動けない。日本の場合は政府や外務省が動けない。同じことが韓国でも言える。動こうとすると、邪魔が入る」

同じことを平沢の盟友である韓国外交院長の朴喆熙は平沢に繰り返し述べている。

運動体の一部は、組織から給料を受けている。資金はそこそこ潤沢だが、活動家が好き放題使っている面もあるという。たとえば飛行機でアメリカに行く場合、ビジネスクラスを利用する者もいるそうだ。もちろん原資はすべてカンパである。

平成十六年（二〇〇四）、在上海《シャンハイ》日本国総領事館に勤務していた事務官が自殺する事件が発生した。自殺した事務官は四十代半ばの既婚者だったが、中国人女性と交際し、それをネタに中国当局による脅迫がおこなわれていた。

事務官は総領事館と外務省の間で交わされる公電通信事務を担当していた通信担当官で、機密性の高い公電文書を扱っていた。その情報を全部寄越《よこ》せと脅されたのだ。

総領事宛ての遺書には、次のように悲痛な思いが告白されていた。

「一生あの中国人たちに国を売って苦しまされることを考えると、こういう形しかありませんでした」

「日本を売らない限り、わたしは出国できそうにありませんので、この道を選びました」

この事務官だけがたまたま被害に遭ったのではない。今も昔も頻繁にこのような脅迫がおこなわれてきた。今は脅迫のやり方も巧妙になり発覚しにくくなっているが、何しろ日本はスパイ天国である。

かつて、ハンサムを自認している日本の総理もハニートラップに引っかかったとささやかれている。「中華人民共和国衛生部の通訳」と名乗る絶世の美女と出会い、関係を持ってしまったと言われている。

諸外国ではトラップに引っかからないよう、スタッフの身辺調査はもちろん、本人の金の使い方、貯金通帳の中身まで洗いざらい徹底的にチェックする。それが世界の常識である。

が、日本は違う。「そんなことは起こらないだろう」という性善説が今もまかり通っている。

平沢は、表に出ないだけで、多くの権力者や技術者などにスパイの手が及んでいるとみている。

〈日本に必要なことは相手国の中枢に食い込んで、日本のために働いてくれる人を作らなければならない。それしか対抗する方法はない〉

つまり協力者を育成し、相手国の内外で発言させることが重要だ。外国からの攻撃に対し守るだけでなく、日本からも攻めていかねばならない。この協力者を養成していない先進国は、日本だけではないか。

たとえば、協力者を送り込まなければ、北方領土など百年経っても返ってこない。国のトップクラスの権力者に「この情報をバラされたくなかったら言うことを聞け」と迫らなければ、外からいくら騒いでもなんの効果も出ないとすら言う人もいる。これが現実ともいえる。

平沢の口からスパイ防止法の成立を訴えかけてもよかった。が、やり方に気をつけねば袋叩きにあって潰されるのがオチである。

また、スパイ防止法について大騒ぎをして、わざわざ外国に日本の実情を教える必要もない。こういうことは、水面下で静かに進めるのが一番だった。

平沢は、日本はスパイ天国だとあえて警鐘を鳴らしたいという。

「日本は、外国に忠誠を誓っている人たちを野放しにしています。本来なら考えられないことです。諸外国はそういった外国の国益のために働いている人をできるだけ早く摘発したり、いろんな手を打っていますが、日本は既存の国内法に触れない限り野放しだ。そういった中でスパイを取り締まる法律がないことは致命的だ。スパイ防止法については、人権が侵害されるなどの反対意見がありますが、もしそうだとしてもそれをはるかに上回る国益が失われている。人権侵害にならないよう最大限の注意を払ったうえでスパイ防止法の導入を検討すべきではないか」

自公政権への疑問

長年続いた自民党と公明党との蜜月関係だが、選挙区調整や選挙協力をめぐって、ここのところギクシャクしつつある。

きっかけは、令和四年（二〇二二）十一月十八日に、衆議院の小選挙区の数を是正する「十増十減」を反映した改正公職選挙法が参院本会議で与党などの賛成多数で可決し、成立したことだった。新たな区割りでは、東京都で五、神奈川県で二、埼玉県、千葉県、愛知県で一ずつ増えるいっぽう、宮城県、福島県、新潟県、滋賀県、和歌山県、岡山県、広島県、山口県、愛媛県、長崎県の各県は小選挙区が一ずつ少なくなる。

この十増十減により都市部での選挙区が新設されるため、公明党は新しい選挙区で公認候補を擁立することを自民党に求め、埼玉県十四区で石井啓一《いしいけいいち》幹事長、愛知県十六区で伊藤渉《いとうわたる》政調会長代理の擁立を進めた。

それだけでなく、新しく五つの小選挙区が誕生した東京都でも、動きがあった。

公明党は、前回の衆院選で東京十二区から出馬し当選した岡本三成《おかもとみつなり》を新設される東京二十九区（荒川区全域、足立区の一部）から出馬させることと、さらに、新設区である東京二十八区（練馬区東部）からの公認候補の出馬も求めた。

だが、この要望に対して、自民党は、五月二十三日に、東京二十八区での公明党の候補擁立は「地元の了解が得られない」などとして、容認できないと伝え、そのいっぽうで、代替案として東京十二区（北区、板橋区の一部）か、東京十五区（江東区）での擁立を提案した。これに反発した公明党側は、五月二十五日午前の常任役員会で、東京二十八区での候補者擁立を断念。

公明党の幹事長の石井啓一は、「東京では自公の信頼関係が地に落ちた」とまで言い、自身の発言について「状況に特に変化はない」との認識を示した。

それだけでなく、東京都内の自民党の全候補に推薦を出さない方針を正式決定した。

その後、自民党は、六月二十日に東京二十九区で公明党の岡本を推薦する意向を伝え、歩み寄りを見せた。

石井啓一

自民党内では、首都・東京での自公の関係悪化について、全国に波及することを恐れる声もあがっている。

平沢勝栄は、自民党の中では珍しく、公明党の推薦を受けずに選挙を勝ち抜いてきた数少ない議員の一人だ。

平沢は現在の自公の選挙協力の問題をどのように見ているのか。

実は前回の令和三年十月の衆院選の際には水面下で、平沢のもとに公明党から推薦の打診が初めてあったという。

「公明党から『ご希望であれば推薦する』という申し出があったので、わたしの後援会の皆さんに公明党と話をしてもらいました」

平沢の支持者には、多くの自民党の候補者が公明党からの推薦をもらっている中で、推薦をもらわずに孤軍奮闘で選挙を戦う平沢を意気に感じて応援してくれる人も多かった。

そのため、平沢は支持者たちの意見も訊いて、決めようと思ったという。

「結局、支持者の方たちが『応援をもらうとなると今までの主張と違ってくるので、我々が頑張りますから、今までどおりでやりましょう』と言ってくれたこともあって、推薦は、お断りすることにしました」

自民党内には、公明党からの支援がなければ選挙が戦えない議員も多い。

だが、平沢は、公明党の支援を受けると、候補者本人の地力が結果的に失われることになる、と指摘する。

「公明党から応援をもらうと衆院の小選挙区では一選挙区あたり二万票前後の得票になる。そんなに得票を持っている団体はありませんから、候補者にとってみれば、喉《のど》から手が出るほどほしい。しかし、それに頼りすぎると、本人の活動や地力は落ちてしまいます」

平沢は、そもそも別の政党である自民党と公明党が一緒に選挙を戦うことに違和感を持っている。

「考えてみれば非常におかしな話で、自民党と公明党は別々の党。それが一緒に選挙をやるのは国民からみてもおかしい。有権者には、世襲の二世議員や三世議員に抵抗を持つ人も多いですが、それは公平であるべき選挙が世襲議員にとって有利になっていると思うからです。ですが、わたしは、世襲がけしからんと言われることよりも、公明党からの支援のほうがおかしいと思っています。選挙は本来、苦しいものを乗り越えていくものですが、公明党から簡単に二万票がくるというのは普通はありえないこと。わたしも多くの団体の応援をもらっています。その応援をもらうためにはそれこそ血が出る苦労をしていますが、一団体あたりは何百票の単位です」

小選挙区制では、約二万票の力がある公明党の支援は、勝敗を左右するほど大きく思える。だが、平沢はメリットだけでなく、デメリットも大きいと指摘する。

「自民党の中には、公明党の支援をプラスと考えている議員も多いけれど、実際には両面あり、マイナスもある。例としては、ほかの宗教団体の支持が離れること。立正佼成会などは立憲民主党を応援していますから」

実際に、昨年の参院選で岡山県選挙区から出馬した現職の小野田紀美《おのだきみ》は、公明党からの推薦を受けなかったが、三十九万二千五百五十三票を獲得し、次点で二十一万千四百十九票を獲得した黒田晋《くろだすすむ》に大きく差をつけて、得票率五四・七四％で圧勝。再選を果たしている。

平沢が語る。

「小野田さんは推薦を断ったけれど、そのことがニュースにもなり注目を集めて、圧勝している。だから計算の仕方にもよるけれど、単純に公明党の応援を受けなかったから得票が減るかどうかはわからない。わたしは、今の自民党は、公明党に嫌われてはいけないと過度に気を遣い過ぎだと思っています。『選挙区は自民党で、比例区は公明党』と多くの候補者が呼びかけますが、これも有権者からすると、非常に複雑でわかりにくいと思います」

自民党内には、公明党からの応援がなくなることに不安を隠せない議員も多い。

しかし、平沢は本人の選挙への取り組みが弱いからだと喝破する。

「本人がたいして活動していないのに勝とうとするからです。たとえば、世論調査でみると、公明党を支持する人の中には、わたしに投票してくれる人も二割から三割はいる。推薦を受けないからといって、野党に全部公明党の支持者の票が行くわけではない。選挙を心配する人は努力をしていないと思う。普段から、もっと強靭《きょうじん》な体質を作らないといけないのに、公明党を頼りにしすぎなんですよ」

最近の地方議会選挙では、自民党の候補者の苦戦が目立っている。杉並区議会議員選挙では、自民党公認の候補者十六人のうち、七人が落選した。

さらに足立区議会議員選挙では、自民党公認の十九人のうち約三分の一にあたる七人が落選した。

平沢は相当な危機感を持ったという。

「足立区や杉並区での自民党の負け方はひどい。普通ならば、あの結果を見たら、相当な危機感を感じないといけません」

六月の通常国会閉会直前、岸田総理は解散風を吹かしていたが、結局、解散はしなかった。平沢自身は、解散総選挙はないと初めから思っていたという。

「わたしは、岸田さんは最後は解散しないと思っていました。なぜなら、四月に統一地方選挙があったばかりで、三カ月も経っていない。支持率も低迷しているし、公明党が嫌がることはできないと思っていました」

自公連立の解消!?

最近では、自民党内には、公明党との連立を解消すべきという支持者も増えているという。特に公明党が推進し、令和五年（二〇二三）六月に成立したＬＧＢＴ理解増進法についての反発は強かったという。

平沢が語る。

「公明党との連立は、政策面でもプラスとマイナスがあります。ＬＧＢＴ理解増進法については、地元の有権者の多くの方から批判を受けました。これだけ強い反発があったことは今までありません。今度の選挙では法案を積極的に推進していた人は反発に遭うと思います。民主党が政権交代した時も、厳しかったが、今も同じような空気です。街頭に立っていると、わたしに『自民党は応援したくない』とわざわざ言いに来た人が何人もいたほどです」

今後、自民党と公明党の関係はどうなるか。平沢は、最後は公明党は自民党を応援すると見ているという。

「地域によっては違うかもしれないけれど、わたしのところ以外では公明党は自民党を応援すると思います。公明党にも自民党と組むメリットがあるわけで、最後はそうなるはず」

しかし、平沢は将来的に、連立が解消する可能性もあると語る。

「有権者が公明党の顔色ばかり窺《うかが》う自民党に厳しい目を向けた時でしょう。ただ、わたしは公明党のほうから自民党を切れないと思う。なぜかといえば、自民党と連立することによるプラスが多い。国土交通大臣のポストへの執着もすごい。ただ自民党からすれば、これまでの国土交通大臣のように良いポストを取られたり、政策で荒らされることもあるので、どこかでメリットがなくなれば自民党から解消を言うことはあると思う」

日本は曲がり角に立っている

平沢は、日本は諸外国に比べて無駄が多い国だと見ている。予算面も含めて、国の仕組み全体がそういうものになっていると感じる。日本は、明治維新から数年で大きく変わったが、現在、日本自体は、いわゆる茹《ゆ》でガエル状態になっており、今のままでは、三流国、四流国になるのでは、と強い危機感を覚えている。

令和四年（二〇二二）七月八日の安倍元総理の暗殺事件も、警備に大きな原因があると平沢は指摘する。これまで日本がそれなりに治安維持ができたのは、警察の質だけではなく、日本社会が、犯罪が起こりにくい構造だったからといった面が大きいという。

日本の警察は、それを自分たちが優秀だったから治安が保てた、もはや外国から学ぶことはほとんどないと錯覚していたのかもしれない。

平沢は治安部門に関係なく、あらゆる分野で、世界に冠たる国だという驕《おご》りや慢心があったのではないかと見ている。そういう中で、綻《ほころ》びや問題がいろいろ出てきたのだろう。原点に戻るしかなく、日本も謙虚になり、諸外国から良いところを学んでいく必要があると思っている。

平沢がかつてアメリカに行ったころ、日本は経済大国であった。

しかし、現在の日本はあらゆる指標で各国に見劣りしつつある。賃金や幸福度などの点で世界から後れをとりつつあるのだ。

本当に国民が幸せなのか。

平沢は、現在のままでは、人口減少などもあり、社会が衰退していくいっぽうではないかと心配している。

皇宮警察官として三代にわたり天皇陛下および皇族の傍らにいた平沢勝栄は、今、日本の皇室も一つの曲がり角にきていると思っている。

〈皇位継承問題を先送りにするだけでは駄目で、今のうちから、問題提起だけはしておかねばならない〉

が、この問題ばかりは話し合う余地がなく、女系天皇についても「賛成か反対か」「敵か味方か」の真っ二つに分かれ、ヒステリックに持論をぶつけ合うに留《とど》まっている。

平沢は思う。

〈男系にこだわる理由は、これまでの日本の歴史がそうだった、ということだ。が、男系にこだわるあまり、血統が途絶えてしまったら元も子もない〉

が、そんな意見を言えば袋叩きに遭うだけである。

今の時代、側室は絶対に無理である。そのため、女系天皇も議論しておく必要もあるだろう。平沢としては、ごく近くで天皇家の方々と接してきたため、かえって意見を口にしにくい面があった。

皇室問題だけでなく、日本は他の問題でも先送りにする傾向が強い。だから最終的には子や孫の世代が困ることになる。

少子高齢化も何十年も前から「問題だ」と言われてきた。が、その時々で「問題ない、大丈夫だ」と言う専門家が現れ、今になって慌てている。

〈いい加減な学者が日本の中には、相当数いる〉

皇室問題もこれ以上先送りしておくべきではない。

平沢は小選挙区制をもとにした現在の選挙制度にも問題があると警鐘を鳴らす。

「野党に統一の動きがないことにも原因があるが、どう考えても多数党に有利な制度なのは明らかで、このままでは競争原理が働かない。選択肢がいくつかあり、その中から選ぶのが良いがそれがない。『第二自民党になる』と維新の馬場《ばば》伸幸《のぶゆき》代表が言っていたのは正しいと思いますが、選択肢がいくつかある中で選択する選挙にしないと、政党間の切磋《せっさ》琢磨《たくま》が生まれず、政治の世界に緊張感が走りません」

現在の岸田政権は、防衛費のGDP（国内総生産）比を二％以上にするなど、軍事費の増大を打ち出している。平沢は、十二分な議論がなさすぎるという。

馬場伸幸

「後藤田さんなら怒ります。ロシアのウクライナ侵攻もそうですが、国際的な緊張状況を利用してこれまで国として慎重だったことをやってしまおうという印象を受ける。日本は今まで特殊な国だったが、軍事力のあるいわゆる普通の国に近づけようとしてる。あまりにも現在の国際情勢に便乗して拙速に軍事大国を目指すのはどうなのか、という気持ちはあります。日本は後藤田さんが心配した方向に行きつつあると思います。アメリカに恩義はあるが、アメリカオンリーでいくと危ない。これまでのアメリカへの恩義を忘れずに、独立国家の道をどう歩むかがこれからの最大の課題でしょう」

「リーダー」菅義偉

平沢は、菅義偉前総理のことを高く評価している。

もともと、菅と平沢は、平成八年（一九九六）の衆院選の初当選組ということもあり、親しかった。

新人議員のころから、地方についての勉強会などをドラッグストアのマツモトキヨシの創業家出身の松本和那《まつもとかずな》らとともにおこなっていた。

「まさか総理になるとは思っていませんでしたが、菅さんはそのころから非常に冷静で、常に先を見ていました。勉強を欠かさない方で拉致問題にも早くから熱心でした」

平沢は、菅政権時代、復興大臣として入閣し、菅の総理大臣としての仕事ぶりを間近で目にしてきた。今も高く評価しているという。

菅は、総理として、確かな功績を残している。

大手携帯電話会社三社による電話料金値下げを実現。

温室効果ガスの野心的な削減目標の実現に向けて省庁の垣根を超えて取り組んだ。

デジタル庁の創設を断行。

菅義偉

国内外からの反発を乗り越え、東京五輪を安全に開催した。

不妊治療の保険適用を推進し、新型コロナウイルス対策としてワクチンこそ切り札と見定め、「一日一〇〇万回接種」を掲げ、加速化に全力。接種ベースは目標の百万回を大きく上回った。

菅は、総理大臣時代、拉致問題にも熱心に取り組んでいた。ある野党の議員が拉致問題について熱心に質問しているのを見て、後日、その議員に自ら電話をして詳しく話を訊いていたという。菅にはそういう熱心さがあった。

「菅さんはマメなところがあって、忙しい時でも何かあると必ず返事がくるんです。あの人は、官僚には厳しいところもあるけれど、低姿勢なところもある。野党の議員にお願いをしたり、自分からお願いして情報をもらったりってことは、なかなかできませんよ」

平沢は、菅の再登板に強い期待を寄せている。

「菅さんはリーダーとしても良かった。変な思惑や打算がないんです。日本の国益を考えると、菅さんならば間違いない。今、日本には時間の余裕はないですから。経験の浅い人より、菅さんなら、今の多くの困難を抱えている日本を引っ張っていってくれると思っています」

平沢は思った。

〈人生の善し悪しは、最後まで生きてみるまで、わからないものなんだな〉

人生は選択の連続であり、そこで誰しも運不運を経験する。平沢の場合「警察を選んで結果的に政治家になれたのだから、間違ってはいなかった」という考え方もできる。「丸紅のような商社に入りビジネスマンになったほうが、もっと活躍できる舞台があったかもしれない」という思いもある。

警察と商社の違いは、ひとことで言うと「守り」と「攻め」だった。警察は常に受け身であり、商社マンは市場を開拓する攻めの姿勢が仕事に繋がる。

〈自分の性格からいくと、事件が起きてから動き出す警察よりも、攻めに行くビジネスマン人生のほうが面白かっただろうな……〉

が、ビジネスマンの道を選んでいれば、政治家にはなっていなかったろう。

昭和二十年（一九四五）生まれで七十八歳を迎えた平沢が、なお現役で政治家を務めていられることは、非常にありがたくうれしいことだった。

民間企業に就職した同級生たちが働けるのは六十代までで、七十歳を過ぎるとほかに行くところはなくなる。やむなく引退をして庭いじりをしたり、碁打ちをしたり、孫の面倒を見たりしている。

中には「毎日同級会をやろう」と言い出す暇人もいた。

もちろん、心の底から老後を楽しんでいる人もいるだろう。が、平沢は、何もすることがない状態が一番困ってしまう。できることなら、子どもたちや若者には、年を取ってもできる仕事に就くか、技術を習得してほしいと願っている。

特に今の時代、七十歳になっても八十歳になっても元気いっぱいな高齢者は山ほどいる。が、いくら仕事ができても、年齢を理由に会社から追い出されては元も子もない。

今日なお、日本のため、地域のために戦い続けられる自分は幸せだと思い、さらに戦いの気力を充実させている……。

おわりに

　この作品を執筆するにあたり、平沢勝栄元復興担当大臣のほか、二階俊博元自民党幹事長、林幹雄元経済産業大臣、松木謙公元農林水産政務官に取材協力をいただきました。お忙しい中、ありがとうございます。

　また、『改訂版 平沢勝栄・全人像』(仮野忠男著・行研)、『危うしニッポン! ズバリもの申す』(平沢勝栄著・KKベストセラーズ)、『日本よ国家たれ』(平沢勝栄著・講談社)、『拉致問題 対北朝鮮外交のありかたを問う』(平沢勝栄著・PHP)、『明快「国会議員」白書』(平沢勝栄著・講談社)、『政治家は楽な商売じゃない』(平沢勝栄著・集英社)、『警察官僚が見た「日本の警察」』(平沢勝栄著・PHP)、『この日本をどうする 豊かで安全な国をめざして』(平沢勝栄著・講談社)、『「国会」の舞台裏―テレビだけでは言いつくせない!』(平沢勝栄著・PHP)、『代議士のつくられ方 小選挙区の選挙戦略』(朴喆熙著・文藝春秋)、拙著の『経世会竹下学校』(講談社)、朝日新聞、読売新聞、毎日新聞、日本経済新聞、産経新聞を参考にしております。

　今回、この作品の上梓に協力してくださった株式会社さくら舎の古屋信吾氏に感謝いたします。

二〇二三年十月五日

大下英治

著者略歴

一九四四年、広島県に生まれる。広島大学文学部仏文科を卒業。「週刊文春」記者をへて、作家として政財官界から芸能、犯罪まで幅広いジャンルで旺盛な創作活動をつづけている。

著書には『十三人のユダ　三越・男たちの野望と崩壊』（新潮文庫）、『実録　田中角栄と鉄の軍団』シリーズ（全三巻、講談社＋α文庫）、『昭和　闇の支配者』シリーズ（全六巻、だいわ文庫）、『安倍官邸「権力」の正体』（角川新書）、『高倉健の背中　監督・降旗康男に遺した男の立ち姿』（朝日新聞出版）、『逆襲弁護士　河合弘之』『専横のカリスマ　渡邉恒雄』『激闘！闇の帝王　安藤昇』『百円の男　ダイソー矢野博丈』『田中角栄　最後の激闘』『日本を揺るがした三巨頭』『政権奪取秘史』『スルガ銀行　かぼちゃの馬車事件』『安藤昇　俠気と弾丸の全生涯』『西武王国の興亡』『最後の無頼派作家　梶山季之』『ハマの帝王』（以上、さくら舎）などがある。

孤《こ》高《こう》奮《ふん》戦《せん》変《へん》革《かく》の人《ひと》 平《ひら》沢《さわ》勝《かつ》栄《えい》
——永田町《ながたちょう》のホントの話《はなし》とウラの話《はなし》

二〇二三年一一月一〇日　第一刷発行

著者　大下英治《おおしたえいじ》

発行者　古屋信吾

発行所　株式会社さくら舎　http://www.sakurasha.com
東京都千代田区富士見一-二-一一　〒一〇二-〇〇七一
電話　営業　〇三-五二一一-六五三三　FAX　〇三-五二一一-六四八一
編集　〇三-五二一一-六四八〇　振替　〇〇一九〇-八-四〇二〇六〇

装丁　石間淳

印刷・製本　中央精版印刷株式会社

ISBN978-4-86581-406-4